儿童能力培养系列

# 教孩子学会
# 屁股自己"擦"

## 培养孩子独立解决问题的能力

武鹏程　编著

科学出版社

北京

## 内 容 简 介

本书是"儿童能力培养系列"丛书之一。全书共分4章，内容包括：沐浴在"爱"的海洋，却不会"游泳"；让孩子自己去"乘风破浪"；引导孩子学会自己解决问题步步走；智慧父母教出会做事的孩子等。

望子成龙、望女成凤是广大家长的殷切希望，每位家长都希望自己的孩子成材，并为此不懈努力着，但又常常忽视了孩子能力的培养，从而使很多孩子养成了诸事依靠家长的习惯。结果，家长困惑，孩子困惑，现状却没有得到改善。究竟该如何解决？打开这本书，细细读来。

本书内容丰富，文字通俗易懂，形式新颖，实用性和针对性都很强，适合孩子家长、儿童教育工作者、儿童教育专家阅读。

#### 图书在版编目（CIP）数据

教孩子学会屁股自己"擦"——培养孩子独立解决问题的能力/武鹏程编著.—北京：科学出版社，2010
（儿童能力培养系列）
ISBN 978-7-03-028472-3

Ⅰ.教… Ⅱ.武… Ⅲ.儿童-能力培养 Ⅳ.G61

中国版本图书馆CIP数据核字（2010）第148910号

责任编辑：张丽娜 / 责任制作：董立颖 魏 谨
责任印制：赵德静 / 封面制作：柏拉图创意机构

北京东方科龙图文有限公司 制作
http://www.okbook.com.cn

科学出版社 出版
北京东黄城根北街16号
邮政编码：100717
http://www.sciencep.com

北京天时彩色印刷有限公司 印刷
科学出版社发行 各地新华书店经销

\*

2010年9月第 一 版　开本：B5（720×1000）
2012年8月第四次印刷　印张：13 1/2
印数：15101—17100　字数：228 000

定价：29.80元
（如有印装质量问题，我社负责调换）

# 前言

孩子迟到了，居然回家斥责妈妈，为何？
孩子压力父母背，"小"的是孩子还是父母？
孩子的特长班，父母先学会，到底教孩子还是教父母？
……

为什么现在的孩子越来越没有责任感？
为什么现在的孩子越来越不快乐？
……

许多人都在思考这些问题，但始终也不愿意承认是爱毁了这些孩子！父母们，放手吧，让孩子成为他自己生活的主角，他的屁股让他自己擦吧！

孩子害怕问题，不懂得怎样解决，怎么办？
孩子做事乱七八糟、毫无计划，怎么办？
怎样让孩子做事更有"策略"一些？

解惑尽在本书中！

# 目录

## 沐浴在"爱"的海洋，却不会"游泳"

### 沐浴在父母"爱"的海洋，无风无浪 / 2
迟到了怪妈妈，这是为哪般？ / 2
有妈的孩子像块宝 / 4
孩子成绩差，爸爸怪妈妈，缘何？ / 6
中学了，不会系鞋带，怪谁？ / 8
孩子上学，何以要父母"陪读"？ / 10
被饿死的毛毛虫 / 12
孩子的屁股自己擦 / 14

### 爱，是爱也是害！ / 16
无形中被摧毁的激情 / 16
孩子是我的，就得听我的！ / 18
不容忽视的隔代教育问题 / 20
疼爱、溺爱，一步之遥！ / 22
病入膏肓已晚矣 / 24
自测是否有溺爱孩子倾向 / 26
授之以鱼，不如授之以渔 / 28

### 家长走入的"误区" / 30
孩子还小，能做什么？ / 30
父母的要求太高 / 32
父母自己的"想当然" / 34
你的角色不是"警察" / 36
孩子不是在给你"添乱" / 38

## 让孩子自己去"乘风破浪"

### 从小就让孩子学会自立 / 42
让孩子逐渐成为自己生活的主角 / 42
孩子的问题孩子办 / 44
在日常生活中培养孩子的自理能力 / 46
在日常事务中提升孩子自主思考能力 / 48
培养孩子独立性格要趁早 / 50
让孩子觉得自己是大人 / 52

# 目录

**父母放手，做个"懒"人 / 54**

"懒"了父母，自立了孩子 / 54

父母"懒"得动手，常说"试试看" / 56

父母别"懒"得表扬 / 58

先"懒"手，再"懒"嘴 / 60

"懒"父母不仅要有智慧，更要有耐心 / 62

**教孩子做个"懒"人 / 64**

何谓"懒"人？ / 64

"懒"人推动了时代的进步 / 66

让孩子了解"懒"真正的含义 / 68

## 引导孩子学会自己解决问题步步走

**第一步：8小问，教会孩子学会解决问题 / 72**

第1问：发生什么事情了？ / 72

第2问：你的感觉如何？ / 74

第3问：你想要怎样？ / 76

第4问：那你觉得有些什么办法？ / 78

第5问：你决定怎么做？ / 80

第6问：创新找出新思路 / 82

第7问：你希望我做什么？ / 84

第8问：结果怎样？有没有如你所料？ / 86

**第二步：引导孩子设计解决方法 / 88**

遇事保持冷静头脑 / 88

撇清迷惑，解决问题 / 90

基本程序之认清并解决 / 92

检测方案找寻最佳 / 94

不起作用怎么办？ / 96

创造环境锻炼能力 / 98

**第三步：控制好情绪奠定成功 / 100**

情绪就像不定时炸弹，会随时爆炸 / 100

浮躁会使孩子一无所成 / 102

## 目录

控制情绪，尊重为前提 / 104
情绪管理，理解是关键 / 106
释放愤怒，转移注意力 / 108
积极指引让孩子学会换位思考 / 110
发泄，疏通比截流更为重要 / 112
忽视他，不教育也是一种教育 / 114
做个有心人，及时发现孩子的情绪变化 / 116
一个好方法，让孩子学会自我情绪管理 / 118

### 第四步：教会孩子做事讲究策略 / 120

目标要明确，动力才充足 / 120
引导孩子学会运用和把握时间 / 122
做事要制订合理的计划 / 124
家长监督，严格执行计划 / 126
教孩子学会轻重急缓 / 128
集中精力做好每一件事 / 130
凡事要灵活变通 / 132
做事要慎重而为 / 134
不断总结，不断尝试新的方法 / 136

### 第五步：逐步让孩子自己面对困难 / 138

从"拐棍"到"向导"，父母角色的转换 / 138
父母切勿把自己的意识强加给孩子 / 140
畏难情绪，问责父母 / 142
畏难转化为潜动力 / 144
启发孩子挖掘自身的潜力 / 146
在点滴中培养孩子的行动能力 / 148
深度思考所处困境 / 150
教会孩子乐观面对问题 / 152
困难面前更要坚持 / 154
不断地克服困难 / 156

## 智慧父母教出会做事的孩子

用欣赏的眼光看孩子，让他感觉成"高"人 / 160
赞赏就是奇迹的开始 / 160

# 目录

赞赏是培养孩子自信心的关键 / 162

理解是赞赏孩子的前提 / 164

"恰到好处"地鼓励孩子 / 166

表扬孩子的艺术 / 168

表扬也要分级别 / 170

有了表扬,批评才显得深刻 / 172

期望,是鼓励孩子的好方法 / 174

胡萝卜加大棒的政策 / 176

**培养孩子做事情的基本素质** / 178

自信可以赢得一切 / 178

坚韧的意志力让孩子变得更强 / 180

正确面对自己的输赢 / 182

拥有合作精神,具备合作能力 / 184

从小培养孩子的责任心 / 186

教会孩子百事皆"可乐" / 188

培养孩子的冒险精神 / 190

纠正孩子做事拖沓的习惯 / 192

培养孩子的行动力 / 194

培养孩子多方面的兴趣、爱好 / 196

激发孩子做事的热情 / 198

教孩子学会冷静行事 / 200

培养孩子勤奋的品性 / 202

培养孩子的进取心 / 204

打破常规见创新 / 206

# 沐浴在"爱"的海洋，却不会"游泳"

教孩子学会 屁股自己"擦"

● *沐浴在父母"爱"的海洋，无风无浪*

# 迟到了怪妈妈，这是为哪般？

上小学二年级的圆圆，每晚看电视总到很晚还不肯睡觉，妈妈担心她早上起不来，于是经常一遍又一遍地催她："圆圆，快去睡觉了，明天还要上课，再不睡又要爬不起来了……"结果第二天起床的时候，妈妈总是要催上好几遍，圆圆才肯起床。可如果哪一次上学迟到了，圆圆在路上反而会不停地埋怨妈妈没叫醒她。

像圆圆这样的孩子很常见，上学本是孩子自己的事情，迟到也是孩子自己安排时间未到位，可缘何最后竟成了家长的错！不可理解！

真的不可理解吗？事实上是可以理解的！做父母的，如果遇到这样的问题，你首先就应该好好想想，孩子为什么会把迟到的责任推给你。

在日常生活中，类似起床这种问题，对于孩子来讲，完全是可以自己解决的，譬如说在床头放个闹钟，闹钟一响，到点起床。可普遍的事实是，本该放在孩子床头的那个"闹钟"，却常常被父母们义务地"含"在了自己的嘴里。于是，我们就看到——每天早起，父母们不断地催促着孩子，而孩子呢？则三番五次地"屡"叫不起，父母一生气，干脆就不叫了，爱起不起！这其实是父母的一个误区——孩子知道你能把他叫起来，孩子已经把自己的时间"委托"给了你，他不过是想多赖一会儿床而已！但你却没能完成自己的责任！你说，他不怪你怪谁？

## 沐浴在"爱"的海洋,却不会"游泳"

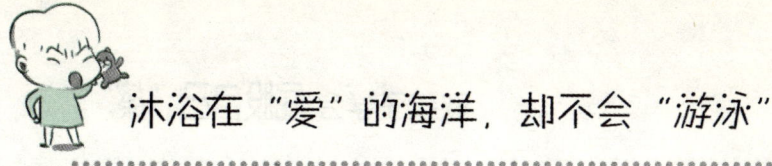

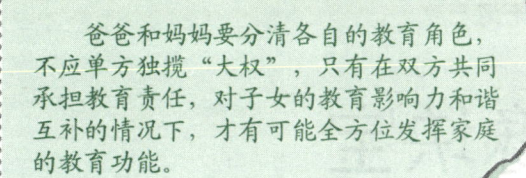

爸爸和妈妈要分清各自的教育角色,不应单方独揽"大权",只有在双方共同承担教育责任,对子女的教育影响力和谐互补的情况下,才有可能全方位发挥家庭的教育功能。

**爸爸在哪里?**

有的家庭在角色分工上,妈妈会自动将爸爸当作管教时的威吓对象,最常听到的就是,"你再不乖,爸爸回来会处罚你啊!"长久下来,孩子对爸爸产生了恐惧、害怕的心理,不太敢亲近爸爸,把爸爸定位为处罚自己的人,父子间无法形成亲密的关系。所以不要一味承袭旧有的教导方式,给父亲的角色来一个重新定位。

现实的家庭生活中,相当大比例的妈妈承担了过多的教育责任。调查发现,从5岁到上初二的孩子大都认为,除了家务劳动外,妈妈排在第一位的职责都是"管教孩子",而爸爸排在第一位的"职责"则是"看书报"或"看电视",显然爸爸们为教育孩子投入的时间、精力相对较少。

3

教孩子学会 屁股自己"擦"

● *沐浴在父母"爱"的海洋，无风无浪*

# 有妈的孩子像块宝

"世上只有妈妈好，有妈的孩子像块宝，投进妈妈的怀抱，幸福享不了……"的确，有妈的孩子是"幸福"的！

一位女生不加遮掩地说道："日常生活中，像自己的衣服自己洗这种本来并无异议的事，现在已经成了'过去式'，而子女的衣服妈妈洗却成了天经地义的'现在进行式'"，说着，她随口举了一个在她看来很普通的事："有一次，是个星期天，妈妈从菜场里买来了一大堆菜，我出于好心，想帮心捡菜，刚拿起芹菜，妈妈看到后便从背后一声呵斥'这里的事不要你管！我只要你下星期测验分数高一点，快做功课去！'我无可奈何地走开了。"

某学生在作文中写道："妈妈太爱我了。烧饭怕我烫着，切菜怕切着手——我可不愿在家成为一个娇小姐，可又有什么办法呢？他们硬不让我干活……"

这两位学生的讲述，正是当下中国孩子生活现状的最好诠释！从表面上看，中国的孩子貌似真的是很"幸福"！但——

学生小蒙说："妈妈看到我做家务，如果我慢了一点，她就会走上前来'无私帮助'。方式很简单，不是让我走开，就是说我没本事。随后她就一手包办了事。由于在家是这样，久而久之我就缺乏做事的信心，在学校或在外面，一旦碰到事情老是想有人帮我就好了，当然谈不上什么毅力了……"

亲爱的父母们，对于学生小蒙的一番话，你们做何感想？

## 沐浴在"爱"的海洋，却不会"游泳"

### 孩子面前 请家长 放下埋怨

这是家里常见的一个场景，当夫妻双方有争论时，特别容易对着孩子说另一方的不是。这样做对孩子造成的影响是：以后对双方都不会尊重。甚至于，把这种方法移植到他跟别人的相处中去。因为，对孩子来说，他对父母的爱是一样的，一方攻击另一方，想借此让孩子对另一方不满，最后带给孩子的只能是伤痛。

孩子的心理比较脆弱和敏感，他们看到父母因自己而吵架，就容易产生"这都是因为我"的想法，在不自觉中放大了自己的缺点，认为自己一无是处，羞耻感和无助感也油然而生。长此以往，孩子会变得压抑而自卑，从而催生自暴自弃的情绪。

此外，家长在家也不要议论别人的不是，批评别人，更不该用损毁的方式，否则就不够光明正大了。每个人都有缺点，都会做错事，但要懂得彼此尊重，才能相处愉快。孩子也需要学习这些。别人做错事，当面对他说，是帮他改正，背后说，则没了这个作用。

经常在孩子面前说别人的坏话，久而久之，孩子就会认为那个人不好，这会影响到孩子日后为人处世的方式，对他将来与人相处也没什么好处。

5

教孩子学会 屁股自己"擦"

● 沐浴在父母"爱"的海洋，无风无浪

# 孩子成绩差，爸爸怪妈妈，缘何？

"你看看孩子这个学期的学习成绩，都差到什么程度了！孩子的学习平时你是怎么管的？我一天天在外忙死忙活的，你说说你一天到晚都干什么了！……"

"我干什么了？家里的活儿哪样不是我干的，孩子的吃喝拉撒，包括你的，不都是我管吗？你干什么了？挣钱你都有功啦！孩子的教育你没责任？……"

就这样，一场家庭风波正式开演！孩子成绩差，爸爸怪妈妈，妈妈怨爸爸，唉！

我们再看接下来的一幕——

"你比班上的同学笨很多吗？怎么一考试你就拿这么点分数？！""……本来嘛！你们看人家的爸妈，多有知识，我学不好，就怪你们，平时也不好好教我……"这下可好，就是作父母的不把孩子成绩差的责任往自己身上揽，孩子也会一股脑儿地把责任推给父母！

我们把两个剧情的因果逻辑联系在一起——作父母的，对于自己的孩子的一切，真是勇于担当！孩子学习不好，作父母的你怪我，我怪你，都不想承担责任，其实都是在往自己身上揽责任，时间长了，孩子想当然地总结出，哦！原来我的成绩不好，就是你们做父母的责任，与我无关！

亲爱的家长们，觉得累不？累了就放下一些担子吧！有时，孩子的担子你们背不得，孩子的事情得由他们自己解决，他们自己的责任得由他们自己担当！别忘了，作父母的，在法律上只是孩子的"监护人"，个中内容，自己琢磨去！

## 沐浴在"爱"的海洋,却不会"游泳"

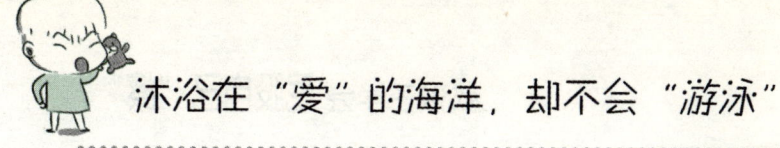

为了给老爸老妈争面子,孩子们急匆匆行走在家庭和学校之间,补习班、兴趣班和特长班之间,为了不比别人的孩子差,孩子们跑得气喘吁吁。很多家长似乎已经习惯了以为孩子好为名义,堂而皇之地要求孩子做这做那,其实很大程度上,我们是为了满足自己的虚荣心,是为了自己的面子。

孩子的快乐不是以家长认为的快乐为标准,不是孩子输不起,是家长不能输,不能因为孩子而输了自己的面子。所以,孩子必须拼命学习,孩子要全能,孩子要优秀,孩子要上大学,还要找一份体面的好工作,这是孩子必须交给父母的答卷。

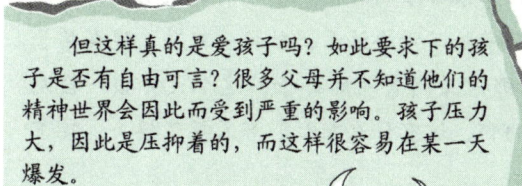

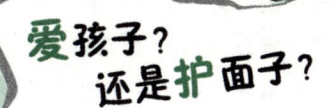

但这样真的是爱孩子吗?如此要求下的孩子是否有自由可言?很多父母并不知道他们的精神世界会因此而受到严重的影响。孩子压力大,因此是压抑着的,而这样很容易在某一天爆发。

**爱孩子? 还是护面子?**

孩子不能为自己做主,不能做自己喜欢的事情,当然,这些事情很多是因为无用,没有意义,也不能为父母挣回面子,因此坚决不能做……只因为家长输不起面子,这对孩子的影响却是一生。

教孩子学会 屁股自己"擦"

● 沐浴在父母"爱"的海洋，无风无浪

# 中学了，不会系鞋带，怪谁？

诸位有没有见过，一个十一二岁的中学生，竟不会自己系鞋带？不要怀疑，这的确是真实的一幕——

"爷爷，鞋带又松了，帮我系一下！"公交站台上，一个背着书包的初中男生边说边将脚抬起来，一旁的爷爷慢慢弯下腰，帮他将鞋带系上，这段时间，男孩一直和旁边的同学聊着天！

有好事的人等老人帮孙子系上鞋带后，就问："大爷，您这是来接孙子放学吧？"老人点头回答："是啊！我担心孙子放学在路上玩，就来接他放学。""您孙子有十一二岁了吧？他自己不会系鞋带？""嗯！我孙子从小就是我和我老伴带大的，小时候从来不给他穿系带子的鞋，上小学时，我们还会专门给他备一双不需要系鞋带的鞋，万一鞋带松了没办法系，就换一双鞋。现在尽管上初中了，可还是没学会系鞋带。"那人又问老人的孙子，这个大男孩一脸无辜："从来都是爷爷奶奶帮我系鞋带的啊，这有什么啊？"那人摇了摇头，接下来就没再说什么……

一个十一二岁的中学生，竟然连自己的鞋带都不会系，我们不禁要问，这个应该怪谁？不仅仅是系鞋带，生活中，有的孩子十几岁了，竟然连衣服也穿不好，这都该怪谁？怪孩子不去学？还是怪孩子学不会？

终于，有些幡然悔悟的家长站出来说："我们以前替孩子做得太多了，以至于孩子现在什么都做不了！现在，我们真应该让孩子好好锻炼锻炼自理能力了！"

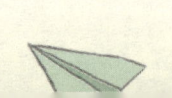

## 沐浴在"爱"的海洋,却不会"游泳"

从家庭生活来看,大多数爸爸要为家里、家外创造一个包括物质、精神两方面的优越环境,给妈妈一个安心育儿的心情。家庭中男女分工协作,如果女性教育孩子的时候,需要过多地考虑外在的经济因素,就会失去正常的平和心态。

**爸爸是孩子从家庭走向社会的一座桥梁**

另一方面,孩子越小妈妈的作用越大,孩子长到五六岁的时候,爸爸的作用就显得越来越重要了。

通常,家庭中妈妈更多地代表自然、生理、心理,爸爸代表的是外在的秩序世界,他更了解社会上的竞争规则与价值标准。对社会的分工、变化,男性的感受要深一点,孩子多是通过爸爸的肩头走向社会。因此,爸爸是孩子从家庭走向社会的一座桥梁。随着孩子的不断成长,对外界的认识需要把握得越来越准确,只有父母通力合作,才能培养出优秀的孩子。所以父母分工合作的时候,要注意统一意见,不要心存分歧,别给孩子任何不确定的答案,这会让孩子更加迷惘。

此外,父母要注重孩子的社交活动,创造他们与其他孩子接触互动的机会,对于没有兄妹的独生子女,高质量的早教中心是一个很好的选择。在早教中心,父母通过参与为孩子特别设计的适龄活动,不仅能建立良好的亲子关系,也能让父母更加了解孩子的兴趣和特点,有利于他们潜能的开发。

教孩子学会 屁股自己"擦"

● 沐浴在父母"爱"的海洋，无风无浪

# 孩子上学，何以要父母"陪读"？

现在的孩子大多是独生子女，在家被父母娇宠惯了，自理能力很差。为了能让子女安心地读书，一些父母干脆就做起了"陪读"，这已成为了当今社会的一个"热门"现象。

武汉东湖高新技术开发区汤逊湖社区，紧邻华中师大第一附属中学。两年来，有不少家长在此租房，给读书的孩子当"陪读"，形成了一个不大不小的"陪读村"。"陪读村"居住的一般都是孩子的母亲。她们的职业有老师、医生、做生意的，也有全职太太。有些家长工作忙，就请孩子的爷爷奶奶或外公外婆陪读。也有请亲戚代劳的，支付一定报酬。

陪读家长中，还有一些上班族。俞女士是武昌一所大学的外语教师，丈夫在武昌一家公司当副总。为照顾读高一的女儿，他们一家搬到这里，因为忙不过来，她请了个保姆专门烧饭、做家务。

家长们一般都在早晨6点起床做早餐，7点钟送孩子出门上学。上午，他们主要是做家务、洗衣服，或去超市购物。中午11点左右，开始做午饭。下午比较轻闲，4点半开始做晚饭。晚上，要么到小区周围健身、跳舞，要么三、五个人凑在一起聊聊孩子的学习。晚上10点，学校下晚自习，他们或去学校北门、或去小区门口接孩子……

真是可怜天下父母心啊！当我们在为这些"陪读"父母的精神感叹的时候，我们是否还能想到其背后更深一层的问题呢？

沐浴在"爱"的海洋，却不会"游泳"

## 溺爱孩子之家长因素

**理由一：只有一个孩子，不对他好对谁好**

专家指出，现在的父母比以前的父母更会宠溺自己的孩子。产生这一现象的一个很自然的原因就是，现在大多数家庭只有一个孩子，父母及其他家人把全部的精力和注意力都放在一个孩子身上，并很自然地认为，只有这么一个孩子，不对他好还对谁好？而在一个有四个或五个小孩的家庭里，孩子受到溺爱的机会就要比独生子女少得多。

**理由二：补偿自己童年的不足**

有些父母因为自己小时候，父母管教得特别严厉或生活不是很富裕，所以到了他们自己有了孩子的时候，往往会走入另一极端，对孩子完全放任自由，孩子提出的要求尽量满足，并认为：我的孩子的生活当然应该比我小时候好。

**理由三：已经没有时间陪孩子了，总要对他好一点**

有一些父母因为工作忙等原因，不能经常陪伴孩子，于是，这些父母常常无止境地为孩子购买贵重的玩具，满足他们的所有要求，以此来弥补他们无法经常陪伴孩子的遗憾。

**理由四：孩子已经很可怜了**

对于那些身有残疾的孩子，或者父母离婚的孩子，父母总会觉得对孩子有亏欠，觉得对不起孩子，为了补偿他，这些父母常常会特别溺爱孩子。

● 沐浴在父母"爱"的海洋，无风无浪

# 被饿死的毛毛虫

法国心理学家约翰·法伯曾经做过一个著名的"毛毛虫实验"——

实验中的毛毛虫，有一种总是盲目地跟着前面的毛毛虫走的"跟随者"习性。法伯把若干只毛毛虫置于一个花盆的边缘上，让这些毛毛虫首尾相连，围成一圈。当这些毛毛虫开始爬动的时候，就像一个长长的游行队伍，没有头，也没有尾。

法伯在这些毛毛虫不远的地方，撒上了它们喜欢吃的松叶。但如果这些毛毛虫要想吃上这些松叶就需要解散队伍，不再是一条接一条地前进。一个小时过去了，毛毛虫还是不停地团团转，一天过去了，这个"团团转"的队伍依然没有解散。就这样一连走了七天七夜，这些毛毛虫终因饥饿和精疲力竭而死去。

在这则实验中，哪怕其中任何一只毛毛虫能稍稍与众不同，不守"道道"，就会吃上松叶，也不至于饿死！

这则毛毛虫实验，从不同的侧面，说明了不同的问题。我们联系到目前的家庭教育问题。爱护孩子，是每一位家长的责任，但如果爱护过头，替孩子想太多，就很容易把孩子培养成为"没脑子"的毛毛虫，这样的孩子不会有自己的主见，只会盲目地沿着一个"既定"的轨迹前行。假如有一天家长不能给他们指引方向或是忘记在固有的地方放上孩子所喜爱的食物，孩子就会因为不知道调整自己的步伐，活活的饿死在没有粮食的路上。

## 沐浴在"爱"的海洋，却不会"游泳"

### 溺爱的主因

大多数独生子女的家长都认为："孩子还小，等他们长大了，自然就会懂事"。因为人性中有很多弱点，比如自私、懒散、好享乐、好表现……大家认为孩子还小，等他们长大后再教育也不迟，这就为教育孩子埋下了一颗定时炸弹。孩子的很多毛病，都是小时候养成的，就像得病一样，病得轻的时候好医，到病入膏肓的时候，也就拿它没办法了。到他们长大后，连自己都知道有这样那样的毛病时，已经为时过晚。

原因之一是对孩子的教育缺乏度的把握。一些家长对孩子溺爱有加，所谓"含在嘴里怕化了，捏在手里怕破了"就是这种心情的准确表达。

原因之二是社会不良环境对孩子成长的污染。社会上的黄、赌、毒和一些低级下流的思想意识以及钱权崇拜，也在不断侵蚀着孩子们纯洁的心灵。比如：孩子见义勇为了，但大多数成年长人显得极其冷漠；孩子拾金不昧了，却被大人斥责为憨包。这就是教育上的5-2＝0（5天的学校教育，被2天的社会家庭影响所吞噬的形象表达式）这一社会现实的有力佐证。

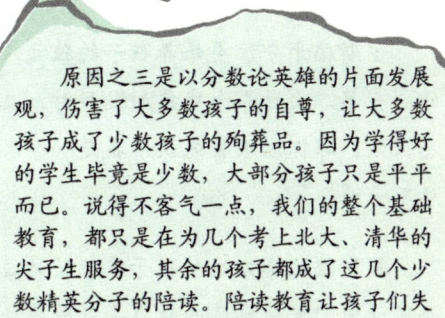

原因之三是以分数论英雄的片面发展观，伤害了大多数孩子的自尊，让大多数孩子成了少数孩子的殉葬品。因为学得好的学生毕竟是少数，大部分孩子只是平平而已。说得不客气一点，我们的整个基础教育，都只是在为几个考上北大、清华的尖子生服务，其余的孩子都成了这几个少数精英分子的陪读。陪读教育让孩子们失去了人生的追求和理想。

每个家长都希望自己的孩子能得到最好，因此常常把孩子整个地保护起来，满足他的每一个要求，替他做每一件事情。但是，被宠坏的孩子并不就是个快乐的孩子。所以，赶快从溺爱孩子的旋涡中摆脱出来吧！

教孩子学会 屁股自己"擦"

● *沐浴在父母"爱"的海洋，无风无浪*

# 孩子的屁股自己擦

是的，前面我们列举的几种现象，就是为了导引出本书的写作主题——孩子的屁股自己擦。更直观的意思就是说，做父母的，为了孩子将来能更好地适应社会的竞争，一定要培养孩子独立自主的意识和自己解决问题的能力。

在发达国家的家庭里，父母普遍重视从小培养孩子的自立能力和自强精神。

罗斯福是美国历史上唯一连任四届的总统。他不仅治国有略，而且教子有方。他的四个儿子在第二次世界大战中浴血战火，连立战功，之后又都跻身美国政坛。

"对儿子，我不是总统，只是父亲。"罗斯福的这句话曾在美国人心中产生过不小的震撼，这也是他一贯遵循的教子原则。

罗斯福十分注重培养孩子的独立人格，甚至认为孩子在思想上也应该是独立的。当第二次世界大战愈加激烈时，儿子问他该怎么办。他说："要我告诉你该怎么做，那你应该首先认清我是一个怎样的父亲。你们的事是你们自己的事，我从不干预。"

罗斯福还竭力反对孩子依赖父母过寄生虫的生活。他从不给儿子任何资助，而是让他们凭着自己的能力去开辟事业，赚他们该赚的钱。但在钱财的支配上，他绝不让孩子放任自流。儿子在一次旅行中买了匹好马，却没有了回程的路费，便打电话请要求父亲帮助。他回答说："你和你的马游泳回来吧！"儿子只能卖掉马，买票回家。从此他懂得了不能无计划用钱的道理。

作为孩子的父母，你是否已经意识到了培养孩子独立自主的重要性？

## 沐浴在"爱"的海洋，却不会"游泳"

### 小年纪 大脾气

独生子女身上很容易发生这种情况，他们集万千宠爱于一身，喜欢别人说他好、说他有本领，久而久之，他会主观地、不切实际地认定并接受自己过高的自尊和地位。而家长却往往忽略了培养和发展孩子的实践能力，使孩子做到能与这种地位相匹配。当一些真实的情况到来，孩子感到对于眼前的事无能为力时，便会产生自我认同和满足落差之间的挫折感，内心会倍感痛苦、恐慌与无奈，而他并不懂得调整自身心态的方法，发怒和发脾气便是很自然的事情了。

作为家长，一味地夸赞孩子并不一定就好，应该多制造一些机会锻炼他的心理承受能力和实际处理事情的能力，多找些力所能及的事情让他接受锻炼，暗中助他完成，而不是代他完成，并且恰如其分地给予表扬和鼓励。做得好，告诉他做得好；做得不好，告诉他不够好，同时告诉他还可以做得更好的办法和道理，并相信他有这种能力。用这样的鼓励去不断引导他。

家长们要注意，如果孩子发脾气强迫他立即认错，他一定不肯的。但如果你用轻柔和同情的语气说：

怎么了，觉得不好受？看见你这样子，我的心里也很不舒服。

就这样分享他的情绪。起初，他可能拒绝你的关怀。这时，你可以走开，一会儿再回来，依然用同样的方式跟他说话。意思是表明你对事情的立场是坚定的，但在情绪方面，仍可与他分享，因为你明白并在乎他的感觉。你甚至可以告诉他，他有这样的情绪，你觉得难过，因为你是很疼他的，见到他这个样子你心里不舒服，但这件事确是不应该的。

用这样的方式，家长可以慢慢地改变孩子的情绪模式，使他渐渐地学会用更有效的方法来处理同样的问题。

教孩子学会 屁股自己"擦"

● 爱，是爱也是害！

# 无形中被摧毁的激情

孩子因为"小"，才需要去教；孩子因为"小"，才需要被帮助。对于父母们来说，这种逻辑是理所当然的！

因此，生活中，我们常常看到，很多孩子在玩玩具或是游戏的时候，一旁的家长会因为孩子"小"不懂得怎样去玩，于是就手把手去教孩子怎样玩。孩子学会了，父母一脸心满意足的样子；孩子学不会，父母甭提有多着急了！

教孩子玩游戏，这本是无可厚非的事情，但作为父母，你会不会想到，你的举动可能正在摧毁孩子对玩具或是游戏的激情！这并非危言耸听！

要知道，孩子为什么那么喜欢玩玩具或是游戏？最大的原因就是孩子能在玩的过程中，去发现、探索一些东西，使自己的好奇心得到满足，并得以锻炼自己的独立思考能力和动手能力。这就是我们所说的孩子的目的"无意识"。然而，当父母的似乎真的没多想这些，想当然地认为，小孩子就得去教，否则怎么能学会？怎么能玩好？就这样，孩子从不懂到"被"学会，但同时，孩子也就失去了玩的"激情"和"意义"。

其实，对于这一问题，父母完全可以这样做——在孩子开始玩某件玩具或是游戏的时候，不急于帮助孩子，而是鼓励孩子自己动脑筋、想办法去探索其中的奥秘，并亲自动手去做，在不断的探索和实践中，孩子就会找寻到解决问题的好方法，并从中体验到成功的喜悦！

沐浴在"爱"的海洋，却不会"游泳"

请快速完成下面的题目，根据实际情况填写，不要反复斟酌。

测试：您是否对孩子过度保护

**注意：**
您选择反映的是"我实际上是这样"。而不是"父母应该怎样"。
您的评分是 1=从不　2=偶尔　3=经常　4=总是。

（1）和其他的孩子相比，我对孩子的爱和关心是超过一般人的。
（2）我给了孩子其他小孩得不到的东西。
（3）在和亲戚、朋友的孩子一起玩的时候，我对孩子的照顾是显而易见的。
（4）不管孩子是否正确，我对孩子有些偏爱，不愿意批评他。
（5）即使是孩子错了，我也会把责任归咎其他人。
（6）孩子犯错误的时候，我总是可以找到孩子犯错误的理由，如他太小了、他不适合做。
（7）我不喜欢别人批评我的孩子。
（8）我一直相信孩子是会成功的，不管他现在是什么样子。
（9）在孩子生日前一个月，我已经开始准备生日礼物。
（10）我没有打算引导孩子离开我，去外地工作。

**评分标准：**

**15分以下：** 您对孩子有些冷淡，缺乏激情，孩子时常得不到您积极的关注和特殊的爱。这对小孩子是不利的，您应该经常给孩子很强烈的暗示，如"孩子，我为你感到骄傲""加油，孩子，加油"。

**15~25分：** 您对孩子的关心是适度的，这对树立孩子的自信、探索新事物很有帮助。适当的鼓励和及时的批评有助于孩子成长。

教孩子学会 屁股自己"擦"

● 爱，是爱也是害！

# 孩子是我的，就得听我的！

"大姐，你们家孩子真听你的话！说不让他干什么就不干什么，我要有个这么听话的孩子就好了！"

"那当然了，我们家的孩子就得听我的！谁叫我是他妈呢！……"

这是在生活中一段有关孩子教育的对话，从某种程度上说，这些家长完全把孩子当成了自己的私人物品，因为他们觉得孩子是自己的，自己就有权利决定孩子应该长成什么样子，于是不自觉地把自己的意愿强加在孩子身上，让孩子去替代自己完成。而这一切仿佛就是一项实验，家长就是这个实验的操纵者，孩子则作为试验品任家长摆布。

我们说，家长这样的做法是自私的，为了让孩子光宗耀祖，不惜拿孩子去做实验，只是为了证明自己在教育上的成功！这种不惜牺牲孩子的天性，违背孩子成长规律的实验即使成功，也只不过是家长炫耀的工具。

"听话"的孩子，总是让家长很放心！然而，孩子"听话"真的就很好吗？不然，孩子听家长的话，家长说什么就是什么，家长想什么孩子就认为是什么。那孩子又该说什么，想什么呢？要知道，孩子也有独立的人格和思想！家长一味地要求孩子顺服于自己，那孩子以后又怎能独立自主地去做自己？孩子没有独立自主的能力，又怎能去担当自己的责任？

所以，做家长的，好好想想吧，孩子"听话"，固然有一定的好处，但什么才是你真正想要的？

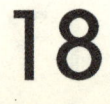

## 沐浴在"爱"的海洋，却不会"游泳"

### 孩子绝不是我们的私有财产

没有哪个国家的父母比中国的父母更爱孩子，这在全世界是不争的事实，然而我们的很多父母却不知道怎样爱孩子。我们是觉得无论花多大的代价，都要让孩子取得优异的成绩，他们要比别的孩子更出人头地。

有很多时候，我们往往在爱的名义下办错事，希望孩子们能按着我们设计的方向发展，为我们当父母的增光添彩，孩子们会帮助我们炫耀自己，帮助我们赢得老师和熟人的掌声。

如何使子女成才已成为很多父母面临的极大挑战。将一个呱呱坠地的婴儿抚养成人是世界上最艰巨的任务，很多人为孩子操碎了心，这要比一般的工作要求更多的天赋耐心、智慧和爱心。但很多时候，由于我们不了解孩子成长的规律，我们总是会干拔苗助长的傻事，我们剥夺了孩子犯错误的机会，也剥夺了孩子从错误中总结经验教训、增长才干的机会。因此，在选择成长的道路时孩子们毫无自由可言，更无法发展自己的兴趣和爱好，而这些兴趣和爱好是孩子们成长最宝贵的"兴奋"剂。

相信我们的父母是真心爱孩子的。每个爱孩子的父母，都应该把孩子成长的权利交回到孩子们自己手里，允许他们犯错误，允许他们尝试自己的想法，就像我们在孩子小时候学说话、学走路一样，看着他们，直到他们从不断的失败中找到正确的说话和走路方式一样！

我们生养了我们的孩子，但孩子绝不是我们的私有财产！我们要真正爱孩子而不是爱我们自己的面子！

教孩子学会 屁股自己"擦"

● *爱，是爱也是害！*

# 不容忽视的隔代教育问题

当今社会，随着第一代独生子女的陆续成家，以及独生子女政策的继续实施，现在的孩子几乎同时能获得6个大人的宠爱，而这样的现象造就了一个又一个霸道、自私、任性的孩子。

毕竟，年轻的父母思想开放，看问题视角独特，能够狠下心来教育孩子。然而这种狠心却时常会受到来自孩子爷爷奶奶、外公外婆的当面阻拦，使得父母们常陷入两难的境地——既不能对老人不敬，也不能对孩子放任不管。在这种情形下，孩子慢慢长大，逐渐培养起了"小皇帝""小公主"的范儿！

有一天，小东在屋里大吵大闹就是不肯穿衣服，爷爷在房间里焦急地走来走去，奶奶心疼地说："再不想法让东东穿衣服，宝贝就会感冒了。""嗯——啊！去把那屋那个面具拿来，我有办法了。"爷爷说。面具取来后，爷爷给小东戴上，然后装模作样地把衣服放在东东手上，说："皇上您看，这可是上好的选材，虽然颜色有所差异，但是功效特别好。请您穿上！"小东东这才把衣服穿上，还装腔作势地说："你们辛苦了。"

就是这样的隔代教育，造就出了一个又一个"小皇帝"和"小公主"！从某种程度上来说，也挖下了一个又一个的教育"陷阱"！

一般来说，老人对于孙子、孙女的爱，常常是无条件和不理智的溺爱，只要孩子高兴，老人什么都愿意去代做。在这样的情况下，孩子又何谈自理能力，何谈自己的事情自己办？

## 沐浴在"爱"的海洋，却不会"游泳"

### 隔代教育 平衡 发展

祖辈有丰富的社会阅历和人生感悟，有抚养和教育孩子的实践经验，对孩子不同年龄段容易出现什么问题，如何处理，他们知道的要比年轻的父母多得多。但对孩子因好奇心而表现出来的"破坏"、"冒险"等行为，总是急着制止，不善于运用富有创造性的方式引导孩子。

所以，双亲教育和隔代教育必须平衡发展才能培养出身心健全、习惯良好、品格高尚的孩子。我们不妨试试以下做法：

"给爷爷、奶奶放假"：父母不管多么忙，都要多抽点时间与孩子在一起，双休日经常带孩子到户外运动，如打羽毛球、篮球等；或带孩子外出旅游，让孩子在美丽的大自然中获得一份灵性与活力。同时，父母必须承担起对孩子开创性精神与冒险性精神的培养，兴趣特长的及早发现与引导，文化课的辅导等教育方面的重任。

"哄上压下，统一认识"：虚心学习祖辈的育儿经验，尊重他们的教育方法，肯定他们的教育成果。对教育孩子时认识上的差异，如年轻一代比较注重孩子的智力培养和个性发展，而祖辈家长们则看重做人的道德和艰苦奋斗精神的教育，这需要相互沟通，统一认识。还应注意不要在孩子面前暴露教育方面的分歧，维护孩子父母的威信。两代人共同协商建立必要、可行的家规，同时也要给孩子一定的自由度和独立性。

"爱你有商量"：父母不能放手不管，也不能一味地唱"白脸"，要张弛有度，还应积极创造机会让孩子和父母多接触，疏通感情。祖辈家长也要以理智控制感情，分清爱和溺爱的界限，要爱得适度。两代人要共同努力营造一个有利于家庭教育的和谐温馨的家庭氛围。

只有父母、爷爷奶奶共同参与教育，孩子的世界才算完整；只有两代人统一认识、明确目标、步调一致，孩子的教育才会走向成功，孩子也会从幸福的家庭中走向五彩缤纷的大千世界。

教孩子学会 屁股自己"擦"

● 爱，是爱也是害！

# 疼爱、溺爱，一步之遥！

现在的孩子，成长环境相对比较舒适，加上多是家中的独苗，许多家长都会抱着宁可自己多受苦，也不能让孩子受苦的心理，总是竭尽所能地满足孩子的需要，哪怕是一些不合理的要求，家长都答顺应。只要看着孩子高兴，无论是天上的星星还是梦中的幻想，家长都会尽力去办，好像只有把孩子的生活道路铺得平平坦坦的，孩子才能幸福快乐地成长。可这真的就是孩子幸福的开始吗？

法国教育家卢梭曾说过："你想毁了孩子，那你就什么都顺着他。"这样的话也适用于今天的孩子，同时还在很多家长身上得到了验证。很多走上邪道的孩子都是家长过分溺爱的结果。爱孩子是每个家长的本能，但这样的本能过了头，这份对孩子的"爱"就变了味，它对于孩子也不再是爱，而是一个"温柔的陷阱"。很多家长对于孩子过度的保护以及放纵，最终导致了孩子的畸形心理和多样的身心障碍。

其实，家长用心给孩子的爱，只有是恰到好处地去疼爱——仁慈而不失严厉，才能让孩子懂得讲道理，辨得清是非，如此培养出来的孩子才能真正懂得去体会家长养育的艰辛，而由衷地尊敬自己的父母。倘若家长还是一味地纵容孩子，那培养出来的孩子只能是只知索取而不懂感恩。

是选择对孩子疼爱还是溺爱，家长的一念之差，往往会造就孩子截然不同的人生！

沐浴在"爱"的海洋，却不会"游泳"

**"溺爱"养出 5 类有问题的孩子**

### 1. 自私自利
成因：孩子长期得到特殊待遇。如糕点、水果等美食都只留给宝宝吃，让他在家处处高人一等。
表现：孩子认为好的东西理应属于他，独占玩具，独吃好东西，不许别人碰。

### 2. 胆小怕事
成因：妈妈给孩子下的禁令太多，如怕孩子出事，不许他独自到外面玩，不许摸这个，不许碰那个。稍有不适父母就表现得惊慌失措，使本来不怕的孩子被宠着哭起来
表现：孩子遇事不思考，遇到任何一点惊吓就会哭闹。

### 3. 性格孤僻
成因：孩子与外界接触少，家中又没有小伙伴，只能跟玩具、电视玩。
表现：不合群，性格孤僻。

### 4. 称王称霸
成因：家长的过度迁就，只要孩子哭闹，就会满足他们的需要。
表现：孩子想做的事情，稍不如意就会大发脾气，蛮横粗野，不讲道理。

### 5. 偏食挑食
成因：妈妈爱子心切，只根据孩子的爱好，做他喜欢吃的。
表现：孩子挑食偏食，不爱吃蔬菜或鱼、肉，营养不均衡，经常感冒发热，体弱多病。

教孩子学会 屁股自己"擦"

● 爱，是爱也是害！

# 病入膏肓已晚矣

　　孩子缺少"爱"会造成性格和感情上的缺陷，但是过多的溺爱同样会导致不良的后果。过分的溺爱是家长不理智爱孩子的表现。我们知道，溺爱孩子的家长会无止境地满足孩子的各种要求，甚至一些不合理的要求，家长同样会去满足。长此以往，孩子就会形成贪婪、自私、任性的秉性，并且依赖性强，适应社会的能力差，很容易受到外界诱惑。这样的孩子很容易走上邪路，难以自拔！

　　我们的周围，总会有一些性格冷漠的孩子，究其原因，大多都是因为家长过分溺爱而导致的，就因为家长认为"孩子现在还小，等将来大了，他自然会懂事"的想法，最终葬送了孩子的一生。家长认为孩子长大之后再教育，就如同暂时给孩子埋好一颗定时炸弹。

　　小的时候所形成的毛病依旧是毛病，就像病症一点一点的累积，等到孩子病入膏肓，早已晚矣！那时，孩子反而会过来指责家长，为什么当初不对自己严格要求。

　　孩子的良好习惯一定要从小培养，有句俗语叫"三岁看大，七岁看老。"说的就是从孩子在三岁时的表现就能"看到"孩子长大后有没有出息，而从孩子七岁时的表现就能看到他老了以后的样子。这句话听起来有些夸张，但却说明一个道理，就是孩子的教育要从小抓起。家长从小只要给足孩子成长的空间，孩子长大就能还给家长一个足够的惊喜！

沐浴在"爱"的海洋，却不会"游泳"

# 家教方法之妙招

### 方法一：允许孩子发表意见

生活中的许多事情都可以让孩子参与进来，允许孩子发表意见，无论孩子的意见和想法怎么样，你都要耐心听他讲完，同时给予适当的反馈意见。如果孩子的意见很有道理，你应该表扬孩子，如果孩子的意见没道理，你也要给孩子讲清楚，为什么不对。

### 方法二：让孩子做主

"小事"由孩子自己安排，如过生日请哪些小朋友，到商店买什么样的衣服，选择什么玩具等。"大事"虽然孩子不能做主，但是也要让孩子参与进来，如房间的布置，可以和孩子一起筹划设计方案，鼓励孩子提出自己的建议，如果可行，则尽量采纳。

### 方法三：教会孩子说"不"

要使孩子有主见，必须破除孩子对权威的迷信。家长可以和孩子一起玩"说不"的游戏，有时要有意出错，让孩子挑出错误的地方。比如，家长说："床头柜、桌子、椅子、香皂都是可以用的东西，都是家具。"孩子说："不对，香皂是可以用的东西，但不是家具。"告诉孩子，每个人都有出错的时候。当孩子意识到这一点，就不会轻易盲从别人，模仿别人了。

### 方法四：和孩子一起做家庭智力游戏

家长可以给孩子出一个难题，让孩子想出多种解决问题的办法。如小猴子不小心掉进了一口枯井里，该怎么办呀？人在什么情况下容易口渴？引发孩子进行发散性思维，并提出解决问题的多种方法。决定权交给孩子，是信任孩子的表现，会给孩子更多的自信和勇气，会使孩子变得有主见。当然，这并不妨碍为孩子提出建议，使孩子的决定更科学合理。

25

教孩子学会 屁股自己"擦"

● 爱，是爱也是害！

# 自测是否有溺爱孩子倾向

为了让孩子健康成长，家长应该给予孩子充分的疼爱而非溺爱。那么，作为家长，在日常生活中，该怎样判断自己对于孩子的爱究竟是疼爱还是溺爱呢？以下是一些自测方法。

1. 为了让孩子满意，你对孩子的要求真正达到百依百顺，有求必应而没有原则放纵的状态。

2. 对孩子的安危过度的关心，怕孩子冻着，怕孩子饿着，把孩子从头到脚的事情全全包揽，一些孩子本可以自己去完成的事情，也从不让孩子自己去做。

3. 不考虑家庭的实际经济能力，只要孩子想要就去给孩子创造优越的物质条件，哪怕这些已经超出自己所能承受的范围。

4. 自己会去注意孩子生活当中的每一个细节，不让孩子受一点儿委屈，也不给孩子任何机会去接触艰苦环境或是独自面对困难。

5. 多喜好、炫耀孩子的长处和优点，假如有人对孩子某些方面存有质疑，自己就不惜一切地加以袒护，处处为孩子的缺点做辩护。

6. 孩子犯错，自己从不批评，也不愤怒，只是一味地祈求、央告、叹息、数落，表现出无可奈何的神情。

家长们应该意识到，虽然被溺爱之后孩子身体是健康的，大脑是聪明的，但一些非智力因素的缺陷却在无形中被加到了孩子身上，例如自私、任性、依赖性强、自理能力差、无法与人平等相处，等等，这些必然会影响孩子的身心健康发展。等孩子长大之后，这些问题将会使得孩子在面对正常社会生活和竞争时难以适应。

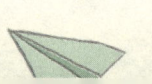

沐浴在"爱"的海洋，却不会"游泳"

## 小孩子也得有原则

孩子分辨是非能力低，常常会把无理要求当成正当的。此时家长就应该坚持原则，不能为了一时心疼孩子就满足孩子的过分要求，从长远来看那是百害而无一利的。

冬冬小的时候，我从来没有给他买过雪糕，这也养成了他从小到大不吃雪糕的习惯。其实，何止雪糕，一般的零食我都很少给他买，而且所有吃的食品也都是买来在家里吃，从来没有在大街上随便买一些零食吃。就连玩具也不随便给他买。

记得冬冬两岁的时候，我领他到百货大楼。经过玩具柜台时他就不走了，非要买一个很贵的电动汽车。我不答应，他就一屁股坐在地上大哭起来，拽他还不起来。这下可气坏我了，我不再理他，自己走了。我拐过去，藏在一根大柱子后面偷偷观察着他。只见他过了一会儿不哭了，转头发现妈妈没有了，就喊起妈妈来。我看到他着急了才走出来，跟他讲了一通道理后，他乖乖地跟我走了。

其实很多父母也经常会遇到这样的情况。孩子因为得不到某件自己喜欢的东西，或其他的什么目的没有达到，就大发脾气，而且还专找人多的时候或公共场所来闹，以便使父母妥协。而家长则因为孩子闹得不可开交，怕丢面子或怕孩子哭坏，就满足了孩子的要求。

如此几次下来孩子就养成了任性、霸道、说一不二的坏习惯，而且愈演愈烈，一发而不可收拾。做父母的一定要在关键时刻学会硬起心肠来，而不是一味地迁就孩子。

教孩子学会 屁股自己"擦"

● *爱，是爱也是害！*

# 授之以鱼，不如授之以渔

很多父母都曾经考虑过这样的问题：自己这辈子要给儿女留下点什么呢？我们不妨来看一则故事吧，应该对你有些启发。

某商人有两个儿子，大儿子是父亲的宠儿，父亲想把自己的全部财产都留给他。母亲很可怜小儿子，她请求丈夫先不要宣布分财产的事。她总想找个办法让两个儿子分得平均一点。商人听从了她的劝告，没有宣布分财产的决定。

有一次，母亲坐在窗前哭泣，一位过路人看见了，就走上前来，问她为什么哭。

她说："我怎么能不哭呢？对我来说，两个儿子都一样亲，可是他们的父亲却想把全部财产留给一个儿子，而另一个什么也得不到。在我还没想出帮助小儿子的办法以前，我请求丈夫先不要向儿子们宣布他的决定。但是我自己没有钱，我不知道怎样才能解决这个烦恼。"

过路人说："你的烦恼很容易解决。你只管向两个儿子宣布，大儿子将得到全部财产，小儿子什么也得不到。以后他们将各得其所。"

小儿子一听说自己什么也得不到，就离家到外地去了。他在那里学会了手艺，增长了知识。而大儿子依赖父亲生活，什么也不学，坐吃山空。父亲死后，大儿子什么都不会干，把自己所有的财产都花光了。而小儿子却因为在外面学会了挣钱的本事，变得越来越富裕！

亲爱的父母们，有句话叫"授之以鱼，不如授之以渔。"给孩子留下多少财产，都不如培养孩子生活的本领和独立性更重要啊！

## 沐浴在"爱"的海洋,却不会"游泳"

### 家庭教育之四度

为人父母者应认真严格地把握家庭教育的尺度,最大限度地发挥家庭教育的作用,促进孩子的健康、和谐发展,怎样才能把握家庭教育的度呢?以下几点值得家长深思:

### 1. 教育目标适度

在家长望子成龙心态的支配下,家长往往对孩子期望过高,以至于拔苗助长、强其所难,从而与孩子之间产生逼迫与逆反的矛盾冲突,对孩子心理造成不良的影响。因此对孩子的期望应当是适度的。适度的家庭教育目标,一定是孩子跳一跳可以够得到的,也一定是家长自身的指导、参与条件能胜任的。

### 2. 教育方法适度

在不正确教育观念的影响下,家长的教育方法和手段很容易走极端。一是过度娇宠。过度的关怀和无原则的包办代替,剥夺了孩子确立自主意识和自立能力的锻炼机会。二是过度严厉。信奉"棍棒底下出孝子"、"不打不骂不成才"。在这种情况下,性格倔强的孩子会与父母产生对立情绪,变得性格暴躁,行为粗野;性格懦弱的孩子,则会产生恐惧心理,学会欺骗撒谎。真正爱孩子,就要成为一个感性和理性并存的父母。

### 3. 教育内容适度

目前,许多家长对孩子家庭教育的认识仍存在很大的片面性,他们把孩子家庭教育等同智力教育,把识字、背诗、数学、拼音、外语当作教育的主要课程,错误地认为孩子有了知识就有了未来的一切,而忽视了对孩子的品德、意志、兴趣、性格等非智力因素的培养。实践证明,非智力因素对于一个人未来事业的成功有着极其重要的影响。过度重视智育而忽视非智力因素的培养,不但会影响孩子良好品德和健康人格的形成,更会阻碍孩子体、智、德、美的全面、和谐发展,甚至导致孩子正常人格的缺失,给孩子的一生带来不良影响。

### 4. 表扬要适度

时下,在教育的理念中,"赏识教育"似乎成了每个人的口头禅。的确,对孩子要多夸多表扬,它有点像精神上的兴奋剂,可以让人精神振奋,信心倍增。但表扬也要有节制、有原则,否则表扬多了反而会适得其反,助长孩子的虚荣心,降低抗挫折的能力,影响孩子的心理健康。正确的方法应该是有成绩表扬鼓励,有缺点批评教育,宽严有度,刚柔兼济。

## 教孩子学会 屁股自己"擦"

● 家长走入的"误区"

# 孩子还小，能做什么？

生活当中，许多孩子不能自立，并不是孩子不想自立，不能自立，而是父母的一些做法不让孩子自立。有时，父母根本就不相信孩子能自立，不相信孩子能自己解决问题，原因很简单，就是父母觉得"孩子还小，这事他做不好，还是我来代劳吧"。就这样，孩子的自立能力慢慢被父母扼杀。

因此，父母需要学会放手，让孩子做一些力所能及的事，从小就培养起自立的能力。

欣欣妈妈为我们讲述了她的教子心得：

……其实，父母虽然表面上管了孩子的事，却抹煞了孩子的独立意识。

记得有一次，欣欣上少年宫学画忘记了带画纸，我看到之后只是在一旁提醒他："再检查一下，有没有忘记带什么东西？"欣欣漫不经心地回答"没有"，背起画夹就走了。到教室才发现没带纸，于是只好自己回家来拿。

有人说我这样不管欣欣未免太过分了，但在我看来，对欣欣来说，惩罚错误的方法，必须是让他自己去改正，如果我们替他改正，他永远也"改不正"这个错误。那件事给欣欣留下了深刻的印象，到现在他再也没有发生过类似的事。

现在欣欣虽然才10岁，但基本上能够自己处理自己的事情。有一次，我和他爸出了两天差，他也能在家照顾自己。我觉得，有许多事情就是这样，父母事事替孩子想周全，孩子就会想不周全，而只会在父母的"周全"中去享受；父母事事"不管"，则能调动孩子的思维和四肢自己去处理……

## 沐浴在"爱"的海洋，却不会"游泳"

很多孩子有见到什么要什么的坏习惯。有时家长不满足人的要求，他就坐地撒泼，于是家长为了顾及面子只好放弃原则顺从孩子。而孩子取得了这样的胜利后往往会得寸进尺，最后形成了要什么大人就得给什么这样一种坏习惯。

### 别因哭闹而丧失原则

你这个要求不合理……

其实，孩子的习惯都是慢慢养成的。为了孩子的健康成长，父母让孩子从小先受一点委屈也是应该的。如果孩子一提要求家长就马上满足他的心意，次数多了就会习惯成自然，某一次不能满足他的要求，他就会不高兴甚至哭闹。长此以往就助长了孩子见啥要啥的习惯，他长大后甚至有可能为了达到目的而不择手段。所以孩子学会"等待"很重要，家长一定要保持正确的是非观念，掌握好应该怎么做和不该怎么做，不能光听孩子的。要和孩子讲道理，告诉他哪些需要是合理的，哪些要求是不合理或过分的。

家长如果一味地迁就孩子的无理要求，就助长了孩子欲求过分的心态，似乎他提什么要求父母都必须满足他，不满足就不高兴。这是很可怕的，长期发展下去就会使孩子养成欲无止境、任性、霸道的坏毛病。人在现实生活中并不是所有的欲望都能得到满足的。好多家长常常因为孩子哭闹就丧失原则，这是孩子养成坏毛病的根源，归根到底责任还是在家长。

好啦，我答应你的要求了！快起来吧……

教孩子学会 屁股自己"擦"

● 家长走入的"误区"

# 父母的要求太高

有些时候，如果父母要求孩子解决的问题超出了孩子的能力范围，解决问题也就无从谈起。长此以往，孩子就会产生胆怯心理，对自己的能力失去自信。孩子如果这样，又怎能有自立的胆识和勇气？

"妈妈，对不起，我达不到你和爸爸的要求，没脸活着见你们，不孝的女儿先去了。感谢你们这18年来对我的养育……"乐乐（化名）妈读着女儿的遗书，泣不成声！

乐乐父母从小就非常疼爱女儿，对乐乐的吃、穿、用样样都是高标准，学习资源也全部做到超一流。和绝大多数高级知识分子家长一样，乐乐父母认定，乐乐必须出类拔萃。乐乐也非常努力，从小到大，成绩从未跌出班级前十名。但到了高三，她学得越来越累，成绩也徘徊至中游。高考填志愿时，乐乐希望填一所二本院校，这样可以读一个自己喜欢的专业，但父母坚持女儿必须进最有名的大学，否则脸没处放。乐乐不同意，父母很生气。

最后，从小对父母言听计从的乐乐还是顺从了父母的意愿，填了父母要求的大学和专业，但从那以后她的话越来越少。父母却未注意到女儿的异样，反倒以为女儿更加发奋、在为考名牌大学而冲刺。谁料，高考前夕的一个傍晚……

故事虽有些沉重，但却给了我们的父母足够的警示！为了孩子的健康成长，切记不要再给孩子施加过高的要求了！

沐浴在"爱"的海洋,却不会"游泳"

## 透析孩子心理的四大需要

**一是需要被爱与价值感。**

孩子需要父母的爱,被爱使孩子有安全感与价值感。父母对子女的爱,除了使孩子体验到被爱的满足之外,也使孩子知道因何事而被爱,从而了解是非观念。

帮妈妈干活,真乖呀!

**二是需要安全感。**

一个没有安全感的人是不会信任别人的,对他人不信任则无法和人建立友谊,这样可能会使其成为刚愎自用的人。孩子如果缺乏安全感和自信心,会使他不敢自由自在地探索周围环境,学习新鲜的知识,他的情绪和智能发展也会受到不良影响。

**三是需要规则。**

规则对孩子来说就像是一栋房子的墙壁,它给生活一个界限及广度。只有当孩子知道什么是可以期待的事,他才会觉得舒适自在。所以,规则是安全感的来源,规则的建立可以给孩子提供自由成长的顺序感。

**四是新的学习经验。**

现代儿童发展理论认为儿童是成长中的个体,其心智能力的发展是其生理学方面的成熟加上后天学习经验形成的。儿童必须有切合其能力的学习机会以学习新的知识,才能发展出正常的智能、语言、人际关系技巧、情绪感受、表达能力和人格。儿童成长过程中还需要鼓励和责任,每一个孩子都需要持续给予鼓励。父母不但要多跟子女接近,而且要注意言传身教的影响,使自己的言行对子女产生正向认同的作用。父母还必须尊重孩子和他的权利。尊重孩子就是让孩子和大人平等做决策,这可以使孩子了解到每一个人在家庭中都有自己所扮演的不同角色,而每一个不同角色都有不同的权利。

教孩子学会 屁股自己"擦"

● 家长走入的"误区"

# 父母自己的"想当然"

生活中，许多父母教育孩子，只是凭着自己的"想当然"去做。很多父母常常是觉得孩子的决定是自己认为最好的时候，才允许孩子这样去做，慢慢的，孩子的独立思考、独立做主能力被扼杀了。

绝大多数家长都希望自己的孩子具有"独立思考"的能力，能独立思考问题，经受住来自同龄人的压力。但这些家长还有一个潜台词，那就是"只有当孩子独立做出的决定，在我看来是最好的时候，我才放心地让孩子独立思考"。

塞拉诺太太回忆了自己和女儿拉莉萨的一段故事：

有一次，我带女儿拉莉萨去服装店买裙子，我问拉莉萨，"你喜欢蓝色的还是绿色的裙子？"拉莉萨脱口就答："都喜欢。"我立即制止拉莉萨："是这样，我们只能买一条，你看你喜欢哪一条？"拉莉萨说："绿色的。"我真不明白我干吗还要说"绿色的是好看，可我觉得你穿蓝色的更好看"。拉莉萨得理不饶人地嚷道，"是你让我挑的"。我告诉她，她说得对。我们最后还是买了那条绿色的，但我看得出，她很不高兴。

选择蓝色裙子还是绿色裙子，这不是什么大事，但发生在服装店里的这件事，却说明母亲替孩子做出的选择连母亲自己都不能接受。

既然家长要给孩子提供机会，让孩子做出选择，家长就必须确定，孩子做出的选择是孩子自己觉得合适的！

## 沐浴在"爱"的海洋，却不会"游泳"

### 家长，您会疼孩子吗？

每一位父母总是千方百计、想方设法地疼爱自己的孩子。但是，有的父母会疼，而有的父母却不会疼，表现最突出的是"怕"字当头，过分地保护孩子，其实这样疼孩子，不仅一点好处也没有，还会限制孩子的发展。下面就举一些父母不会疼孩子的常见例子，给父母提个醒：

怕孩子饿着，不怕孩子撑着。在父母眼里，孩子是不能饿着，如果把孩子饿着，父母可就于心不忍了，于是，就出现了这样一些现象：孩子遇到爱吃的东西就多吃点，不爱吃的东西就少吃或者不吃，结果导致孩子偏食，甚至严重偏食，从而引起营养不良。您说这算是疼孩子吗？

怕孩子不高兴，不怕惯出毛病。孩子虽然小，但懂得怎样向父母索取自己想要的东西，如果父母不满足孩子的要求，孩子会使用多种方式使父母妥协，从而达到目的。久而久之，父母就会帮孩子养成任性的毛病。孩子长大以后，不可能事事如意，当遇到与自己意见不一致的事情时，自然就会固执已见，与父母甚至与同事之间发生矛盾，给孩子的生活带来一些困扰。

怕孩子冻着，不怕孩子捂着。天气只要稍微凉一点，父母就怕把孩子冻着，于是便给孩子添加衣服，导致孩子"内火"上升。其实，给孩子加衣服本身是为了让孩子别着凉、别生病，父母可以通过孩子多参加户外活动，加强锻炼，通过多种活动培养孩子自身对天气变化的适应能力以及御寒能力，这才是十分必要的。

怕磕、怕摔、怕碰着，不怕孩子弱不禁风。父母总是愿意让孩子在自己的高度保护下生活，不让孩子登梯爬高，孩子也因此失去了很多锻炼的机会。父母别以为是在为孩子的成长做好事，其实您是在一定程度上限制了孩子的发展。您说这算是疼孩子吗？

天下有哪一个父母不疼孩子的，但过分的保护只会害了孩子，但愿您不仅仅是一个疼孩子的父母，而且是一个会疼孩子的父母，一个能够站在孩子发展的角度上爱孩子的父母。

教孩子学会 屁股自己"擦"

● 家长走入的"误区"

# 你的角色不是"警察"

每个人都有不愿意让别人知道的秘密，这就是隐私。孩子也一样，有着自己的隐私，隐私对于孩子来讲，说白了就是他自己的空间，这是孩子独立意识的开始。然而在生活中，孩子的隐私却常常被父母干涉。

林麟已经是高中二年级的学生了，可是，从小学开始，他学习、睡觉都在客厅里，他感觉自己随时随地都有爸爸妈妈盯着，非常不舒服，多次要求搬到相对封闭的小卧室去住。可是妈妈就是不同意，说："在我们眼皮底下还不好好学习呢，给你单人一屋没人看着，更贪玩了。"

"您怎么就知道我不能好好学习呢？"林麟反驳妈妈的观点。"你说，哪天我们在看电视时，你的眼睛不往电视上瞟，如果没有人盯着，你能管得住自己？"妈妈的理由似乎充分。"我都这么大了，还没有自己的房间，真不可思议。我们班同学就没有人住在客厅里！""别人怎么做我不管，我就是要看着你好好学习。"妈妈不肯让步。

没有办法，林麟不再争吵了，他想着："如果等我有了孩子，一定不会把他看得这么紧。"

每个孩子都希望有一个自己的空间，而父母却习惯了像警察看犯人一样的关心方式，整天盯着孩子的一举一动，只要出现小小的差错，便对他进行说教。而这些，不仅使孩子心生反感，他的自信心同时也会受到很大的打击。家长去监控孩子的隐私，很可能会导致孩子们没有独立的思维和判断能力。

沐浴在"爱"的海洋,却不会"游泳"

## 孩子有权选择穿什么

初为父母的人总喜欢把宝宝打扮得漂漂亮亮。有些特别时髦的父母甚至会穿着"母子装"上街,觉得这样特别温馨,也特别有面子。有些家长喜欢给小孩买前卫的服装,似乎是要让自己没能实现的着装理想,在孩子身上实现。

很多专家认为,按家长的着装习惯打扮孩子,对他们的心理发育会有影响。美国俄亥俄州的一位母亲艾米就发现,女儿由于自幼和她衣着相仿,如今几乎什么都向她学,还没到上学的年纪,就已经喜欢买鞋买包了。儿童专家佛斯特分析说,这是因为艾米在着装上给了女儿一个暗示:那就是女儿是母亲的附属品,只有按照母亲的思路做才是正确的。这样的暗示会影响孩子的独立意识。而另一位生活在美国密歇根州的母亲注意到,她21个月大的儿子就已经对服装有了自己的看法。

美国儿童心理发展研究所的珍妮·布鲁克甘说,孩子和父母之间存在文化传承的关系,服装表达了民族特点和审美取向,所以孩子的着装肯定是受父母和社会影响的。但是在衣着问题上,还是应该听听孩子的意见,让他们有所选择,强加于人是不正确的教育方式。

## 教孩子学会 屁股自己"擦"

● 家长走入的"误区"

# 孩子不是在给你"添乱"

生活中，我们经常会看到这样一幕：当父母正在忙各种事情时，孩子要求父母与他们谈谈话或是帮忙做什么事情，很多父母会不耐烦地说："去去去……没看到我正忙着吗？添什么乱啊！"

父母说这句话的时候，或许并没有什么恶意，但在孩子看来，这句话却意味着父母不把自己当一回事，认为自己所做的事情都是没有任何意义的。有些孩子甚至会产生强烈的叛逆情绪："你不是认为我做的事情没有一点用吗？那我不做好了。"

小丽学会了十字绣，而且绣得非常漂亮。这天，她在家里的小坐垫上绣上了一只栩栩如生的小兔子，她很高兴，便拿着坐垫给妈妈看。"妈妈，你看，我绣的兔子怎么样？"小丽举着坐垫给妈妈看。妈妈正挥着汗水炒菜："快拿走，没看我正忙着做饭吗？别在这里添乱了！"小丽失望地走出厨房，她看到坐在沙发上看报纸的爸爸，赶忙拉着爸爸的手臂说："爸爸，你看，家里的坐垫让我装饰得怎么样？"爸爸头也没抬，说道："很好，很好……"小丽觉得爸爸在敷衍自己，就拿开爸爸的报纸，说："你连头也没抬，怎么就说我做得好呢？"爸爸有点生气了："把报纸拿过来，没看我正看报吗？真不懂事……"小丽气呼呼地离开了客厅，回到房间自己欣赏坐垫上面的十字绣去了……

作为父母，你要知道，你对孩子的肯定，往往是孩子积极进步的动力！

## 沐浴在"爱"的海洋，却不会"游泳"

## 让孩子学会做事情的两条建议

3~6岁的孩子还处在感知阶段，他们用手、用亲身体验建立对世界的认知。他们通过做每件事情的过程中感到自己能够掌控自己的世界。

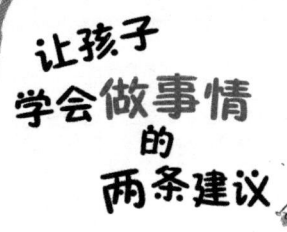

很多父母在孩子很小的时候就开始焦虑，给孩子安排各种知识的学习。一旦他们的生活由父母安排，完全从成人那里学习知识，他的能量就无从释放，他会觉得自己是无能的。慢慢地，孩子自己内心的能量就被吸空了，被塞进了别人的东西，而没有自己的思想在里面。到了成年的时候，更是因为没有创新意识，无法打破常规，什么都靠别人，他们没有自我，觉得自己是靠不住的。

**1. 应该多让孩子参与家务劳动**

让他能体会到他在这个家里的地位和贡献，觉得自己是有价值的，这样他对自己的评价才会提高。很多孩子在家里不需要做家务，父母认为他们的主要任务就是学习数学、语文等这些最基本的功课。别以为这是爱孩子，孩子虽然小，但他会问自己：我为什么生活在这个世界上？

他的价值会让他感到生存的意义和快乐，会让他觉得很幸福。应该让孩子学会照顾自己，知道自己有能力去应对这个世界。

**2. 要给孩子多一点机会出去玩**

有个孩子快6岁了，学了很多东西。会跳芭蕾舞、认识很多字、会算数学题，还会弹钢琴，在家里她的时间总是被安排得很满，但是到了幼儿园她就什么都不想去做了。因为她太累了，需要休息。我们应该经常带孩子到外面去玩，有生命的东西能给孩子生命的感觉，树木、花草、河流、泥土、鸟、鱼这些真实的生命都会给孩子生命的认同感。让孩子感觉到和这个世界的关系，感知存在的意义和价值。

# 让孩子自己去"乘风破浪"

教孩子学会 屁股自己"擦"

● 从小就让孩子学会自立

# 让孩子逐渐成为自己生活的主角

　　生活中，很多孩子在家里扮演的都只是一个"思想配角"的角色，他们要严格遵守家长所制定的各种规章制度，被动地围绕着家长的基本点去运转，按照家长的想法做事情，不能有自己的思想，不能有自己的主张和意见，一切全由家长去安排，俨然就是家长的一个傀儡。

　　孩子如此地配合着家长的步伐，最终让当家长也备感辛苦。还有些家长把在自己身上不能实现的梦想强加于孩子的身上，让孩子成为家长理想的再次延续，使得孩子人生的每一步都有家长的影子。家长这样做对孩子不是引导，而是一种强迫，一种对于孩子精神上和物质上的双重强迫。

　　家长正确的做法应该是让孩子学会自己的事情自己做主，这样既可以把孩子的积极性调动起来，还能使孩子的潜在能力得到最大程度的发挥。家长该对孩子放放手，让孩子为自己的生活去做主，最终使孩子成为自己生活的主角。

　　但是，对于父母来讲，把生活中主角的角色交给孩子并不意味着对孩子的完全放手，这样做的目的重在培养孩子的责任感，提高孩子为自我以及为他人服务的能力，提高孩子对于生活的积极主动性，从而也就提高孩子解决问题的能力。所以家长不妨让爱做主，以理为先，让孩子自己去做生活中的主角。

## 让孩子自己去"乘风破浪"

### 帮孩子克服心理压力

适度的压力可以激励人奋进向上，完全没有压力会使人疲乏、懒散，但压力太大又会使人因无法承受而出现心理问题。作为父母，有责任帮助孩子克服压力，因为对孩子而言，父母是他们最重要、最信任的人。那么，如何帮助孩子克服心理压力呢？

#### 1. 认真倾听孩子的心声

要想帮助孩子，首先要了解孩子，了解他们的心理压力是什么、压力来自何处。所以，父母首先要聆听孩子的倾诉，要抽出时间和孩子面对面地交谈，认真地听孩子吐露心声。只有父母肯把自己的心交给孩子，孩子才肯把心交给父母。这样，你才能了解孩子的真实情况，也才能给孩子以实际的帮助。

#### 2. 帮助孩子克服恐惧

有时候，孩子会因为自己和有些同学做得不一样而感觉被孤立，比如有的男孩子不愿跟着别人一起逃学、不愿在考试时作弊、不愿偷着学抽烟等等。他们会因此而受到嘲笑，甚至被孤立，也会由此感到恐惧、不知所措。这时，父母应当教育孩子坚持原则，不对的事就一定不能做；要让孩子知道，能够做到不随波逐流是很不容易的，这正是一个人成熟勇敢的表现，也是有主见、有头脑的表现。

#### 3. 让孩子分享自己的经验

要孩子知道，压力人人都会有，父母也常常会有烦恼的时候。这样，可以避免说教之嫌，孩子对父母的话也就比较容易听进去了。同时，父母也应该告诉孩子自己是怎样应对困难、克服压力的，给孩子树立一个实际的榜样，以增强孩子的勇气和信心。

#### 4. 培养孩子的自尊

在遇到一些具体事情时，多让孩子发表自己的意见；把一些适合孩子做的事交给他们，鼓励他们自己动手去做；尊重孩子的想法，在对一些是非问题的讨论中多让孩子发表意见等等，这些都是培养孩子自尊的好办法。孩子有自尊就会有勇气、有胆量，就会有较强的明辨是非的能力。

#### 5. 关心孩子的成长

鼓励孩子培养广泛的兴趣爱好，平时多参加一些集体活动，这对缓解孩子的心理压力是大有好处的。有些父母望子成龙心切，总是强迫孩子去学这个、学那个，结果往往事与愿违。正确的做法应该是尊重孩子自己的意愿，根据他的兴趣及所长，理性地进行选择和培养。

在大多数情况下，只要父母能够及早发现孩子的问题并加以适当的引导，便会有效地缓解或消除孩子的心理压力，使他们愉快地健康成长。

43

## 教孩子学会 屁股自己"擦"

● 从小就让孩子学会自立

# 孩子的问题孩子办

孩子在慢慢长大的过程中，会逐渐接触各种各样的人，见识各种各样的事，孩子也可能遇到一些问题、一些麻烦。这时，作为家长，千万不要把孩子的事都揽过来，应该试着留一些解决问题的空间给孩子。

王先生的儿子已经上初中了，朋友每每提到他的儿子时总是赞不绝口。但是他自认为，孩子的成长，自己其实并没有费太多的心，因为很多的事情都是孩子自己处理的。

"在儿子很小的时候，我和他妈就很少主动替孩子做什么。孩子摔倒了，我们只是不慌不忙地说：'自己爬起来。'孩子玩拼图，怎么也拼不好，我们只是在一边稍加指点，然后告诉孩子：'我和你妈可不帮你，你能拼好的。'

记得有一天，孩子放学回家对我说：'爸爸，我们老师说要组织一次野炊，经费得自己想办法，不能向家里要。可是我到哪里去挣钱呢？'我对他说：'自己的问题可要自己解决。爸爸只能提个建议，要靠自己的真本事挣钱。'后来，儿子就和几个同学约好，替报社卖报纸，辛苦了一个周末，也挣了不少钱。

现在，儿子慢慢被我们调教出来了，遇事也不再先想着找我和他妈，而是先自己想办法，实在解决不了，才要求我们帮忙……"

张先生的教育方式非常值得借鉴。父母给孩子一定的自由度，适时放手，才能培养孩子独立自主的能力。

## 让孩子自己去"乘风破浪"

### 教孩子按规矩出牌

不按规则行事，对于孩子的成长是危险的。在孩子的成长过程中，孩子既需要自由，又需要纪律和原则。纪律是一种以严格的形式体现的爱。

执行纪律不同于惩罚。惩罚可能滋生怨恨，而执行纪律却能使孩子吸取教训、为自己的行为负责，并能培养出讲究道德、成熟稳重的好孩子，正所谓"没有规矩，不成方圆"。

作为家长，对孩子要强化规则意识，基本上应从三个方面入手：

### 提醒孩子

孩子的规则意识需要在日常生活中慢慢强化，家长要细心观察孩子，如果孩子的言行不符合规则，应该及时地提醒，孩子的成长是离不开成人的督促的。

让孩子通过自己的努力获得想要的东西。要告诉孩子，如果自己想得到什么，必须通过自己的努力去获得，特别要让孩子清楚认识到如果使用"走后门"、"拍马屁"、"贿赂"等手段，都是违反规则的，是错误的，甚至是违法的行为。

### 激励孩子

如果孩子的表现很好，或者对于你的要求表现得愿意合作，则可以对孩子进行激励或奖励，但不一定用物质奖励。可以对孩子说：如果你今天表现得好，那么你就可以在周末请一个朋友来家里玩等，作为对于孩子遵守规则的一种激励的方式。

### 经常和老师沟通

对于孩子在学校里的表现，家长也需要及时了解，和老师进行沟通。沟通不是为了拉关系，而是为了了解孩子在校的情况，使孩子在真实、自然、和谐的环境里健康成长。

教孩子学会 屁股自己"擦"

● 从小就让孩子学会自立

# 在日常生活中培养孩子的自理能力

大多数家长都知道要从小培养孩子的自理能力，但很多时候却不知道该如何去做。其实很简单，日常生活的方方面面，都是你培养孩子自理能力的绝佳时机。

在美国，家长对孩子的自我管理能力非常重视。当孩子还很小的时候，家长就逐步指导孩子做一些力所能及的家务活，随着年龄的增长，孩子能独自处理的事务越来越多，对家长的依赖程度也就越来越低，这就为孩子的自立打下了良好的基础。

在我国，也有不少懂得教育原理、富有远见的家长在培养孩子自理能力上下了不小的工夫，值得家长们效仿。但也有不少家长却对这个观点不屑一顾："让我的孩子扫地、洗衣服、整理房间？别逗了，那是孩子该干的事吗？我的孩子长大了就是大老板，要处理整个公司的事务，几百万、几千万的大项目要签约，哪用得着干这些杂活？到那时，自有保姆、清洁工去干。"

如果家长将孩子该做的事情全部包办，不让孩子养成良好的生活自理能力的话，总有一天孩子会因为离开父母的照料，而手足无措，丧失立足社会的根基。很难想象，这样的孩子将来会有什么作为。即便孩子的功课门门优秀，但由于缺乏生活自理能力和动手能力，孩子在未来的生活中也将寸步难行。孩子对家长的依赖程度是不相同的。有的孩子到了七、八岁还不会自己穿衣服、整理书包，而有的孩子还没上学就开始帮着大人做家务。之所以会出现如此大的差异，关键在于家长是否放手让孩子去干。

## 让孩子自己去"乘风破浪"

孩子预测事情的能力如同问题的发散性思维，所以当孩子提出问题的时候，家长千万不要不当回事，这样很容易挫伤孩子的求知欲，降低孩子想象的能力。因此，家长不但要认真去听，还要酌情对待。那么，有哪些技巧呢？

对待知识性问题，家长要以启发为主，不宜说得太透，要给孩子发挥想象的空间，还要保护其不会误入歧途。对于孩子能理解的简单的基础知识，应一语道破。

对于生理知识，要根据孩子的年龄和理解能力，采取直接明了的方式回答或推到适当的时候再答。但都要给一个合理的答复。千万不可给孩子留下一个胡乱猜想、日夜不解的尾巴。

### 问题的技巧

对于是非问题，包括容易产生错觉的文化知识、生活常识、如何做人等方面的问题，家长都必须不折不扣地说清楚、讲明白，避免给孩子造成思想上的混乱。

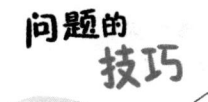

对于一些循环问题，如"天上有什么？""星星""星星里有什么？""石头""石头是什么？"……家长对这类问题，可用反问的方式把问题推回去，如"你说呢？"或"你可以自己想一想再画出来。"这样家长既可以把自己解脱出来，又能给孩子以探索、想象的机会。

47

教孩子学会 屁股自己 "擦"

● 从小就让孩子学会自立

# 在日常事务中提升孩子自主思考能力

拥有自主思考能力，是孩子学会自立的关键点。

某杂志上曾经刊登过一篇介绍戴尔成功事迹的文章：1980年，大学还没有毕业的美国青年戴尔靠卖电脑配件赚到了1000美元。他在日记中写道，用这1000美元可以做：1. 搞一次不为世人所知的酒会；2. 买一辆二手的福特轿车；3. 成立一家电脑销售公司。

第二天，戴尔就用这1000美元注册了自己的公司，开始代销IBM电脑。一年后，戴尔开始组装电脑，并推出了自己的品牌。由于可以使用世界上各家电脑公司的配件，能满足各个档次的用户的需求，戴尔电脑很快成为热销品牌……

从戴尔的成长故事中，我们可以看出，有时做事是需要勇气的。当然，在勇气之中需要思考的智慧。通常，在婴幼儿期，父母总是容易把自己放在发号施令的位置上，一会儿指使孩子干这个，一会儿让孩子干那个。对于孩子来说，玩儿什么、怎么玩儿似乎都被大人控制，孩子自身的主动性思考常常无从体现。

孩子的年龄小，在这个充满迷惑的世界里容易由于无知而受到伤害。因此，在孩子成长过程中，需要与敏感的、有责任感的、了解他身心发展的成人一起生活，以获得安全，逐渐地一步一步学会做事。如果父母一直对孩子控制太多，他将很难有机会锻炼自己的独立性，他会更多地依靠父母告诉他该做什么、怎样做，以及什么时候做、怎样做。

## 让孩子自己去"乘风破浪"

父母在培养孩子的做事能力之前,最重要的就在于训练孩子学会自主思考。那么,父母该怎样培养孩子的自主思考能力呢?

**培养孩子自主思考的能力**

### 1. 父母要学会平衡自己的权威和孩子自主之间的关系

比如,妈妈在洗衣服的时候,孩子也想凑凑热闹,在旁边转来转去,试图"浑水摸鱼"。这时,妈妈不要怕麻烦或担心孩子弄湿衣服,可以拿一块小毛巾给孩子,问他"毛巾该怎么洗啊",请孩子用行动或语言来展示一下。这样,孩子就会用心观察、模仿、从而产生思考的兴趣。

### 2. 多鼓励孩子的探究行为

孩子的探究行为是一种主动的适应性行为。由于孩子在很小的时候就表现出内在兴趣,随着年龄的增长,用于探索的时间逐渐延长,在这种情形下,父母千万不要急躁,急于让孩子做家长认为有用的活动。孩子此时正是处于发挥想象、思维和创造性的时候,过分强迫孩子,就容易扼杀他的想象力和创造力。

### 3. 分享孩子做事的快乐

良好的情绪、情感是促进孩子智能发展的重要因素。与孩子分享做事的快乐,能够使孩子经常处于积极的情绪中,并且增加他的做事热情和积极性。比如,当孩子即使做成一件很小的事时,爸爸妈妈都会真诚地邀请他展示一下,或者和孩子一起重新体验一遍他做事的过程,这种情绪将极大地激发孩子做事的热情。

教孩子学会 屁股自己"擦"

● 从小就让孩子学会自立

# 培养孩子独立性格要趁早

独立自主是指在思考、想象和活动中，较显著地不依赖、不追随别人，能够相对独立地进行活动。独立自主是健康人格的表现之一，它对孩子的生活、学习质量以及孩子成年后事业的成功和家庭生活的美满都具有非常重要的影响。

对于父母来说，培养孩子独立的性格，宜早不宜迟，最好在孩子一、两岁时就开始做这项工作。为什么这么早就开始呢？这是有一定科学根据的：

心理学专家研究发现，孩子在年幼时就有一种独立的愿望和要求，尽管他们生活上还有赖于父母的帮助。做家长的应充分注意孩子独立自主发展的趋势，并因势利导，从教会孩子独立玩耍、独立吃饭穿衣开始，逐步培养孩子独立自主的能力。只有这样，孩子今后方可在瞬息万变、错综复杂的社会现实中，充分展示自己的个性和才华。否则，就会使孩子的发展受到不应有的限制和影响。

生活中，可能很多父母都会觉得，小孩子一两岁时连话都说不好，而且不懂事，能做的事情也很少，要等到孩子大些才能开始培养他们的独立性。其实不然，也许孩子还不能自己去做什么事情，但是独立的性格和意识，应该是越早培养越好。人都说："孩子就是一张没有写字的白纸，你教他什么他就学会什么，晚了就来不及了。"或许，从早就应该培养孩子的独立性格和意识，正是基于这一说法吧！

## 让孩子自己去"乘风破浪"

### 如何培养孩子独立的人格？

学生时代，青少年已具备自理能力，不必事事都依靠父母，他们长得和父母差不多一样高，甚至超过了他们。这时，他们渴望独立，开始厌烦大人的管束，力图摆脱对成人的依赖，从一定意义上讲，这种反抗是少年心理成长的重要关隘，只有闯过了这关，才能顺利走向成熟。要想摆脱依赖心理，走向人格的独立，该如何去做呢？

培养孩子独立思考问题的能力，一个能够主宰自我的人绝不会依赖他人的思想，迷信他人的思维。

要主宰自己的命运，就必须学会正确的评价自己，用公正的眼光审视自己，掌握自己的优缺点，理解自己所拥有的一些特征是主观不能改变的，如自己的形体、容貌，但有些是可以改变的，在环境中磨练，发扬自己的优点，克服自己的缺点，扬起自信的风帆，形成独立的人格。

有意识地扩大交往范围。在成长中，如果缺乏正常的人际交往，孩子长大后将可能无法与人正常沟通。因此，与同伴交往可以摆脱对成年人的依赖，有助于社会性的人格发展。

丰富自己的生活内容，培养独立的生活能力。依赖性强的人往往不好动，喜欢在家里呆着，因此青少年一定要有计划，有目的地拓展生活的视野，多去运动的场所尽情玩耍，逐步形成活泼外向的性格。

教孩子学会 屁股自己"擦"

● 从小就让孩子学会自立

# 让孩子觉得自己是大人

在教育学当中，有一个叫作"比马龙效应"的原理，就是说大人怎样看待孩子，孩子最终就会长成什么样。因此年轻的父母不要总对孩子说："你太小，什么也不懂。"这样孩子就会越发地依赖父母，所以培养孩子摆脱依赖心理的秘诀就是，让孩子有"大人"的感觉。

6岁的陶陶是个很任性的男孩，父母常抱怨孩子不珍惜玩具，没有责任感。妈妈常对邻居说，陶陶是个除了吃吃喝喝，什么都做不好的小孩。不过，一次意外的机会让陶陶妈彻底改变了自己的想法。

一次，陶陶爸妈外出，正好陶陶的外婆来，陶陶爸妈没办法立即赶回来，只好打电话给家里的陶陶，嘱咐陶陶先接待一下姥姥。陶陶满口答应。

等陶陶爸妈回来，外婆就开始夸奖陶陶如何像大人一样接待自己，怎样给自己倒茶、拿点心，怎么给自己解闷……

因为妈妈在无意之中给了陶陶"大人"的感觉，陶陶油然生出自豪的感觉，真的变得懂事起来！

生活中，大人相信孩子能承担责任，他就会努力去承担，相信他是个好孩子，他就会努力去做父母想要他做的事，认为他是懂事，是能保护家人、能帮助他人的人，他就自诩是英雄；认为孩子还小，什么事都不会做，孩子当然也会自认为自己什么事也不必做。认为他成事不足，他自然败事有余。因为沟往哪里挖，水就向哪里流是自然的事。

52

## 让孩子自己去"乘风破浪"

# 孩子独立，父母这样做

生活中，父母想给孩子以大人的感觉，应做好以下几点：

**1. 用生活中的大小事向孩子证实。**

你越来越能干了！

**2. 让孩子参与大人的活动。**

提高孩子思考和说话的层次，用孩子能理解的方式问孩子的想法，给孩子"我是家中一分子"的归属感。

你觉得我留在家陪你，还是出去办事？

**3. 增强孩子的重要性。**

有时大人刻意表现自己"会忘事"、"需要帮手"、"有做不到的事"、"会有做错事的时候"时，反而能促使孩子有乐意分担、乐意关怀的被需求感。

**4. 人前人后地称赞孩子。**

被赞美的孩子才有自信，而自信是迈向未来、克服困难的利器。

53

### 教孩子学会 屁股自己"擦"

● 父母放手，做个"懒"人

# "懒"了父母，自立了孩子

现在的家长着实辛苦！如果把孩子比喻成太阳，那么家长就是一棵向日葵，迎着太阳从早到晚转个不停——从早起叫孩子起床，为孩子穿衣做饭，到晚上给孩子端洗脚水、拿擦脚布；从白天接送孩子上下学，到晚上陪孩子做作业……孩子累，家长更累！但如此劳累的结果怎样呢？我们可以看到，许多孩子养成了惰习，依赖成性，自理能力严重缺乏！

因此，聪明的家长，不妨学得"懒"一点儿，让孩子锻炼一下生活自理能力。

家长懒点，孩子自然就会勤快点，这不仅有利于孩子自理能力的培养，还对孩子自觉性的培养很有帮助。对于孩子能做的事情，家长就应该放手让孩子去做。孩子该自己做而不会做的时候，家长一定要袖手旁"教"，绝不能代劳。当孩子不愿意去做的时候，家长可以和孩子讨论那些事情是他必须要做的，家长没有义务帮助孩子并制定相关的计划让孩子去做。时间一长，孩子就会养成自觉的习惯。这样的锻炼不仅培养了孩子的动手能力，也培养了孩子的动脑能力，同时自我学习的能力也得以提高。孩子在学习上有不明白的难题，家长同样要懒点，主要以启发孩子为主，引导孩子用自觉的思维方式找到解决的方法。

父母"懒"了，孩子就没有谁可以去依赖，只好自己去独立做事情，自然就得到自理的机会。这时，家长不妨用节省下的时间去给自己充充电，提高自身素质，给孩子树立一个好的榜样。

## 让孩子自己去"乘风破浪"

孩子的独立性不是一朝一夕就可以养成的，也不是孩子学会独立做几件事就意味着孩子有了独立性，这是一个长期的、不断内化的过程，需要对孩子进行反复的强化和持之以恒的引导。

孩子可以自己来

培养孩子的独立性，要从训练孩子的动手能力做起。放手让孩子做力所能及的事情。如：自己洗手、洗脸、刷牙、梳头，自己收拾玩具、整理图书，自己洗手绢、袜子……这些都是生活中的小事，都是培养孩子独立性的重要内容。在这个过程中，家长要认识到，年幼的孩子总是在反复中感受着劳动的乐趣，独立做事的快乐。从不会做到逐步学会做，从做得不像样到逐步像样，这是必然的规律，也是必经的过程，从中孩子获得了乐趣。正因如此，家长就应该放手让孩子锻炼，不要怕他们做不好，也不能责备，更不能包办代替。对于孩子独立去做的事，只要他们付出努力，无论结果怎样都要给予认可和赞许，使孩子产生自信。

"我行"这种自我感觉很重要，它是孩子独立性得以发展的动力。当孩子遇到困难和挫折时，做为家长要注意鼓励、支持和引导，而不能急功近利，打击孩子的独立愿望。要帮助孩子重新树立自信心，从而促使孩子进一步做出努力，进而增强独立意识，提高独立能力。当孩子掌握了一定的独立技能或表现出一些独立性行为之后，一定要注意及时表扬鼓励，充分调动孩子的积极性和主动性，同时督促孩子不断坚持，反复练习，最后形成良好的习惯。

未来是属于孩子的，孩子未来的路要靠他们自己去走，未来的生活要靠他们自己去创造，这一切都不是父母替代得了的。深爱孩子的父母们，让你的孩子从小学着自己走路吧！

55

教孩子学会 屁股自己"擦"

● *父母放手，做个"懒"人*

# 父母"懒"得动手，常说"试试看"

中国传统的育儿观念里面，就是让孩子吃饱穿暖，而家务活则是家长再累也绝不让孩子插手。这样把孩子所有动手机会都统统剥夺了，很容易使孩子产生依赖的心理，引发懒惰情绪，很容易导致精神松懈，不习惯自己独立去思考问题，易受他人思想左右。所以家长如此对孩子大包大揽，不是在爱孩子，而是在害孩子。

为了培养新时代的"勤劳"孩子，家长就一定要舍得让孩子动手，而自己一定要忍住去"懒"得动手，而且要懒得合理，懒得恰到好处，懒得孩子心服口服，以此把更多的机会让给孩子，孩子才能在动手中不断尝试，不断学习。当然，家长这样做绝不是当"甩手"掌柜，而是为了培养孩子独立的生活能力。孩子的未来总归是需要孩子自己去打拼，其中决定一个人适应和发展的基本素质就是独立能力，这样的能力并非天生，而是从小事情中逐步培养和锻炼的结果。

每个孩子身心发展到一定的水平就已经具备自己独立解决事情的心理和生理的条件，那些"懒"家长们不妨在孩子跃跃欲试的时候，多对孩子说"试试看"，鼓励孩子勇于尝试，才会用孩子第一次的乱七八糟，换来孩子的经验教训，才能让孩子更快成长。

# 让孩子自己去"乘风破浪"

## 家长教育也要有"度"

中国人讲究中庸之道，在家庭教育严厉与随意之间，也存在一个中间点，它既能让孩子觉得安全，同时又能让孩子展现和认识自己的力量。这个中间点就是在家庭生活中，温和却坚定有力地给孩子合理的限制。

溺爱是家长对孩子伤害最大的行动之一。当孩子的愿望实现得太容易的时候，他们会认为这是应该的。慢慢地，他们会觉得任何索取都是天经地义的事情。爱自己孩子的家长，他们会给孩子设立界线，让孩子自己品尝自己行为的后果，或苦涩，或甜蜜。当然，这种限制必须是合理的、真实的，而不能只是嘴上说说而已。

很多家长常常高估孩子的能力，当孩子办不到时家长又会很生气，气愤中，不合理的限制就出来了。

> 我给你讲过多少次了，晚上要按时回家。今天你又回来晚了。从今以后，晚上你再也不能出家门了。

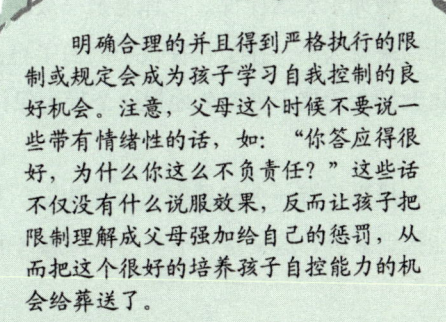

家长在给孩子制定要求时，要提前预测可能发生的问题，孩子可能的行动、结果，通过要求和限制，避免危险性过强的因素，然后让孩子"自食其果"——自己对自己的行为负责，增长自己的能力。

明确合理的并且得到严格执行的限制或规定会成为孩子学习自我控制的良好机会。注意，父母这个时候不要说一些带有情绪性的话，如："你答应得很好，为什么你这么不负责任？"这些话不仅没有什么说服效果，反而让孩子把限制理解成父母强加给自己的惩罚，从而把这个很好的培养孩子自控能力的机会给葬送了。

57

教孩子学会 屁股自己"擦"

● 父母放手，做个"懒"人

# 父母别"懒"得表扬

据日本一项长期调查结果显示，婴儿时期常受到家长表扬的孩子，在以后社会生活中其适应能力会更强。所以，作为家长应该适当多表扬孩子。但表扬也是门艺术，只有有效地表扬孩子，才会更有利于孩子的发展。

一般来说，家长总是习惯用成人的眼光看待孩子的行为，所以孩子做的那些简单的不能再简单的事情，在大人看来很容易就能办到，还有什么值得去表扬呢？事实上，相对于年龄较小的孩子，能做好大人眼里的"简单"已经很不容易了，况且再简单的事情也是良好习惯的基石。所以家长要对于孩子简单的行为给予肯定和表扬，才会越积越多，最终形成好习惯。

随着孩子年龄的增长，家长就要因事表扬，表扬孩子的行为越是具体到某件事情，孩子就越能明白哪些事情是好的，从而就会朝着哪个方向去做。譬如，孩子复习完功课把书放回原位，假如家长只是说："宝贝，你今天表现得很好。"被表扬的孩子根本不会明白自己为什么这样做就是很好。

假如家长这样说："你能把书放回原位，还收拾得很整齐，妈妈很高兴。"那结果就大不一样了！在孩子明白了自己的哪种行为比较好的基础上，家长的强化表扬会让孩子更持久地把这个行为保持下去。

最后，有一个问题家长也需注意，那就是孩子听"蜜语"多了，对于批评还能接受多少？这又是一个值得父母思考的问题！

# 让孩子自己去"乘风破浪"

## 教育孩子七忌

**禁忌一：太忙碌。** 你什么时候最关心孩子？是不是在他最顽皮或犯错误的时候？如果是这样的话，快认识问题的严重性吧，因为孩子会因此明白，唯有做错事，父母才会注意自己，因而不知道改正错误。正确的做法是，无论多么忙碌，都要关心孩子，特别是孩子乖巧的时候，更需要让孩子知道父母对他是关注的。

**禁忌二：太少赞赏。** 许多父母以为孩子听话，乖巧是应该的，不用多赞扬。久而久之，父母连怎么说赞扬的话都忘了。想一想你有多久没有称赞孩子了？

**禁忌三：没有规矩。** 每个家庭都必须有一套自己的规矩，吃饭、睡觉，一切事务都应该有作息时间和一定的行为规范。

**禁忌四：太多指示。** 美国曾经有过一项调查，父母和孩子在一起的时间里，平均每半小时会发出17项指令，那些有问题的孩子，他们父母发出的指令更是高达35项。殊不知，指令越多，孩子越反叛。其实，很多小事完全可以让孩子自己去做。

**禁忌五：教育理念不一致。** 教育孩子最怕的是父母的口径不一致，这时孩子或不知所措，或误认为总有一个人的话可以不理，那么以后呢？你对孩子的教育效果就会大打折扣。

**禁忌六：情绪化。** 有的父母，自己心情好的时候，特别优待孩子，不高兴的时候，稍不顺心就臭骂孩子。孩子的情绪随父母而起落，会觉得没有安全感。

**禁忌七：爱面子。** 有的父母会因为孩子不争气而觉得丢脸，便强迫孩子加倍努力。如此勉强孩子，不切身体会孩子的处境，最终也是害了孩子。

## 教孩子学会 屁股自己"擦"

● 父母放手,做个"懒"人

# 先"懒"手,再"懒"嘴

在培养孩子自理能力的过程中,家长们的"懒",不仅要有意识地"懒"得动手,慢慢的还需要把嘴也"懒"得用。对于这个过程,家长们该如何把握呢?

其实方法很简单,就是在孩子遇到问题的时候,先不要急着告诉他答案,让孩子自己去寻找答案。一般每个孩子都会问大人一个又一个问题,有的问题就如1+1=?或是2+2=?这么简单,家长只要回答孩子等于2或是等于4就可以轻松解决,这的确是省事的方法!但往往无形中就会使孩子逐渐形成一种思维习惯——父母脑子里总会有自己想要的答案,所有问题只要去问父母就可以。长久下去孩子就会形成懒惰的心理,不会自我去探索真理,因为他们觉得真理就掌握在家长的手中。

针对孩子智力自主性的培养问题,家长需要采取些特别的做法。例如,同样是1+1=?的问题,家长可以给孩子准备很多不同的东西,一盒火柴,一把豆子,几个扣子或是几个玻璃球等都可以,让孩子通过这些实物去计算1+1或2+2等于几。当孩子说出了不正确的答案时,家长先不要急于纠正孩子的错误,而是让孩子说出这个答案的理由,通过分析求证,孩子自然会找出一个正确的答案。

如此教育孩子目的并不是让孩子学会计算的技巧,而是让孩子真正融入到运算过程中去,体会到什么是脑力劳动的快乐,对于那些抽象的数字有了一个更直观的认识,并从小就树立一种自主钻研的精神。

## 让孩子自己去"乘风破浪"

## 学做聪明的家长，让孩子的大脑做操

你是不是智慧型父母？你愿不愿意让孩子动手做家务？许多父母都希望自己的孩子多才多艺，舞蹈、绘画、唱歌什么都想让孩子去学，可很多人都忽略了一个既简便易行又可以促进孩子发展的环节——让孩子动手做事。首都师范大学教育科学学院教育学副教授胡玉顺说，动手就是孩子日常生活中的"头脑体操"。

孩子在动手做事情的过程中，手的动作是在大脑的支配下完成的，是孩子的观察、注意等能力的综合运用过程，同时，手的动作又刺激脑的支配能力，促进观察、注意等能力的发展，胡教授说，这就是我们平时所说的"心灵手巧"。动手做事是孩子成长发展的基础，是开发孩子智力的基础。

有的父母只关心孩子的学习，可是他们不明白孩子的生活本应是丰富多彩的，学习书本知识只是孩子生活的一部分。回到家里，孩子应该做他力所能及的事情，特别是做一些使用手指的细活。例如让孩子剥圆白菜、洋葱皮，去掉豌豆荚的筋，这种细微的手指运动都可以刺激大脑。手是头的一部分，手的神经与大脑中枢神经直接相连，孩子手的活动越灵活，其头脑的活动就越灵活，对手的刺激就是对头脑的刺激。

做父母难，做个智慧型父母更难。胡教授想对父母们说，孩子动手做事是孩子成长的基础，是孩子手脑结合，身心和谐发展的过程。如果您真正爱孩子，就要创造条件满足孩子"想自己做事"的需要，多给孩子动手做事的机会，不要用您的"过度好心"剥夺孩子成长的机会。

61

教孩子学会 屁股自己"擦"

● *父母放手，做个"懒"人*

# "懒"父母不仅要有智慧，更要有耐心

如果说希望孩子变得勤快是家长的一种长远想法，那么能够让孩子学习好则是家长最为迫切的想法了。而管理孩子的学习又是一件费心费力的事情，家长很容易就会在监督孩子学习的时候失去耐心——或许是孩子学习不够用功，或许是孩子成绩没有明显上进——这些都会使家长感到无奈，甚至抓狂！

这时，父母很容易会怀疑自己的那套"懒"方针教育政策对自己的孩子是否真的能奏效。其实，对于家长来说，这时并不是需要你去怀疑的时候，而是需要你体现耐心的时候。

有些家长因为孩子的成绩不好就用极端的方式对待孩子，小到冷眼冷语刺激或是挖苦孩子，大到对孩子拳打脚踢，这样的做法从对孩子百分百的全心投入到对孩子不抱任何希望的不理不睬，如此反差会让孩子幼小的心灵受到重创！

家长应该明白，孩子的学习是一个不断努力的过程，只有坚持不懈才有可能获取成功。而家长失去了耐心，孩子也会无形中受熏陶，效仿家长的做法，当学习中遇到困难时，孩子很容易选择放弃，如此一来，成绩怎么会有提高？面对已经放弃自己的家长，孩子又拿什么勇气去战胜自己的弱点？

家长不妨换个角度替孩子去想一下问题，没有谁天生下来就是爱学习的，什么成绩都得有个慢慢积累的过程。因此，家长要对孩子抱有一颗不放弃的耐心，才能使得孩子学习成绩见长！

## 让孩子自己去"乘风破浪"

**耐心·决定 品质**

看过美国电影《心灵之旅》的人都会为主人公妈妈的付出所感动——主人公是一个盲人,但却有音乐天赋,正因为主人公的妈妈的信心与不断鼓励,主人公最终得以成功。其实,就一个孩子而言,对许多许多方面的理解和盲人没有什么区别,我们容易对一个盲人做出比较明智的希望与激励的办法,但对孩子却总是不能。

当然有耐心并不是指永不发怒,如果孩子做不安全的事或不讲礼貌时,家长还是要在表面上装出非常生气的样子来,让孩子知道有些事可以为,有些事不可以为。虽然这种让孩子明白事理的过程也完全可以说理,但有些情况下必须让孩子知道其严肃性。家长只有在坚持原则的情况下努力去做,才能让孩子在方方面面得到明显的进步。

对孩子的教育,最为重要的就是性格培养,可能有些家长最注重的就是分数。实际上孩子暂时得一个好的分数并不难,难的是孩子能拥有一个好的性格,好的品质,而这些更不是一朝一日能有所成的。

在竞争如此激烈的环境下,父母重视学习分数是理所当然的,但一般来说,父母们虽然知道性格与品质的重要性,但真正贯彻实施在行动中总是有不断的观望心理。而孩子好性格,好品质都是从小养成,这些完全取决于您的耐心了。

63

教孩子学会 屁股自己"擦"

● 教孩子做个"懒"人

# 何谓"懒"人？

提起"懒"字，我们首先就会想到与之相对的"勤"，如果说勤是一种主动自觉的好动，那么懒则是一种无为的不动行为。

难道让孩子学做的"懒"就是这样的行为吗？当然不是！教孩子做个"懒"人的懒不是传统意义上的不求上进的懒散，也是不好逸恶劳的邋遢生活方式，而是建立在方便、轻松、舒适之上，铲除繁琐，追求简单有效的一种生活和学习方式，用节省的时间充分享受生活乐趣。

大千世界，芸芸众生，很多人虽然在这个世界上行走，却忙忙碌碌，从未搞清楚自己想要什么或是要追寻些什么，只是在时间的洪流之下浑浑噩噩地过此一生。有这样一种"懒"人，他们不会被状况所困扰，他们有自己明确的目标并为之不懈努力，不管这样的目标在别人的眼里正确或是错误，他们"懒"得理会那些评说。大凡世界上的人，头顶天，脚踏地，必定以天天向上为己任，才能终成大业，所以这样的"懒"才是孩子所应该学会和践行的！

另外，教孩子做一个"懒"人，更深一层的意思就是让孩子在做任何事情时，都追求一种更高的学习和办事效率，这样才能为自己赢得更多的时间，从而投入自己想要的生活。殊不知，为什么有的孩子可以学习和休闲两不误，就是因为这些孩子学习上更有效率，更懂得"懒"的好处，比起那些貌似"勤快"，"埋头"学习但不出成绩的孩子，当然看起来要轻松多了！

## 让孩子自己去"乘风破浪"

## 新"懒人"主义

节奏紧张的现代社会,各种各样的压力让人苦不堪言。像"我懒我快乐"、"人生得意须尽懒"等"新懒人"主张的出现,就不足为奇了。"新懒人主义"本着简洁的理念、率真的态度,从容面对生活、探究删繁就简、去芜存菁的生活与工作技巧。反对拼命工作、卖力挣钱,也反对"比学赶超"的狂热消费,而是追求清新、单纯、自然、健康的新生活。

我们的目标是

闲呆!

意大利北部的玫瑰山下举行了该国首届"懒人大会",会上提出了一个离奇的口号:什么都不做,闲呆!并推荐为"极大的平静和绝对的放松"之减压方式。来自意大利全国1500多名"懒汉"参加了会议。为反映懒散宗旨和适应懒汉生活特点,原定的会议推迟一天举行,开会、时间则定为"将近11点",全体懒人大会也仅用半个小时开完。

"我懒我快乐"的懒人哲学,即使无力改变这劳碌社会的不理智、不健康倾向,起码亮出了一份鲜明有个性的态度——懒人控制不了整个社会,却能控制自己的欲望。咱们古人说的:"从静中观动物,向闲处看人忙,才得超凡脱俗的趣味;遇忙处会偷闲,处闹中能取静,便是安身立命的工夫。"

65

教孩子学会 屁股自己"擦"

● 教孩子做个"懒"人

# "懒"人推动了时代的进步

说起"懒"人对于历史的贡献，那可真是数不胜数。回顾人类的历史，正是有了"懒"人的贡献，科技才有了突飞猛进的进步。因为人们懒得走路，于是就有了以车代步，并走进动力汽车时代；因为人们懒得气喘吁吁地爬楼，于是就有了电梯；因为人们喜欢观光山峰的美景却又懒的爬山，于是就有了电缆车；因为人们懒得洗衣服，于是就有了洗衣机；因为人们懒得弯腰扶着孩子学习走路，于是就有了学步车；因为人们懒得跑到电视跟前去调换电视节目，于是就有了遥控器；因为人们懒得来回搬动大件音响，于是就有了随身携带的mp3，mp4……科技的发展一再向人们证明，"懒"是社会进步的原动力，"懒"人推动了时代的进步。

仔细想来，的确是这样一个道理。现代人的生活节奏日益加快，竞争激烈，工作繁忙，压力过大，都使得人们对方便快捷的生活方式有着迫不及待的渴求。所以，人们在选择这种轻松生活的同时，也推动着科技的进步。

例如，为了方便出行的电力助行车，为了省脑而设计的计时器，为了方便人们在家吃饭而推出的派送外卖服务……这些发明或是创造都从另外一个角度推动着社会的进步。

一些懒人用品正因其独特的卖点在中国掀起一轮新的消费热潮，而正是有着非传统意义上的"懒"，才推动时代的必然进步，所以家长有必要让孩子了解"懒"的意义所在。

## 让孩子自己去"乘风破浪"

## "懒"孩子不拖拉

懒的一个重要特征就是拖拖拉拉。今天该完成的事情拖延到明天,甚至遥遥无期,直到再也无法拖延时,才临时抱佛脚赶工。这种行为极具破坏性,也是最危险的恶习,它使人丧失进取心。一旦开始遇事推拖,滋生惰性,就很容易再次拖延,直到成为一种根深蒂固的习惯,而"懒"孩子的懒是不拖拉。

日常生活中的事,孩子不可能很快地、熟练地掌握技巧,他们需要花很长的时间逐渐学会快速地穿衣服、吃饭、准备上学的东西……对他们最好的帮助就是父母耐心的等待。孩子的动作有快有慢,除了个性外,还有训练的问题。对动作慢的孩子,平时要用鼓励的办法促使他快些走路、吃饭、穿衣等。如果不是动作慢,而是由于注意力不集中、有病等原因,需按实际情况处理。

家长要培养孩子有规律地生活,早睡早起,做好上学准备,有充足的时间做他喜欢做的事情。如果8点钟出门,那么一小时之前就要叫醒孩子,让他有充分的准备时间。父母牢骚责备越多,小孩压力越大,动作越慢。有些准备工作可隔晚做好,如留心气象预报,准备好雨具等。孩子的玩物、食物等都应提前准备好,可以不在早晨做的事,尽量不要放在早晨做。

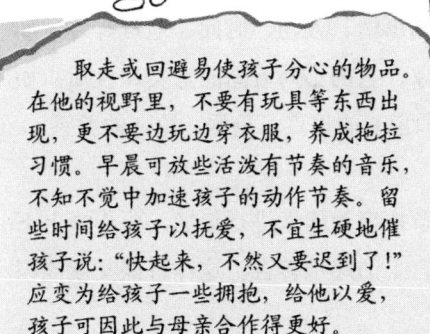

取走或回避易使孩子分心的物品。在他的视野里,不要有玩具等东西出现,更不要边玩边穿衣服,养成拖拉习惯。早晨可放些活泼有节奏的音乐,不知不觉中加速孩子的动作节奏。留些时间给孩子以抚爱,不宜生硬地催孩子说:"快起来,不然又要迟到了!"应变为给孩子一些拥抱,给他以爱,孩子可因此与母亲合作得更好。

给孩子规定时间,让他完成穿、洗、吃等事,可以用小闹钟提醒催促,让孩子抓紧时间。对孩子要有适当的期望值,不要期望太高,凡指望他配合合作的都应多表扬、鼓励。这样,一个不拖拉的孩子就成型了。

教孩子学会 屁股自己"擦"

● 教孩子做个"懒"人

# 让孩子了解"懒"的真正含义

要让孩子学"懒",必须先要让孩子了解什么是"懒","懒"的真正含义是什么。

事实上,这并不难解释,对于孩子来说,"懒"其实就是将复杂的事情在不影响结果完善性的基础上,通过力所能及的努力,尽可能简化来做,这就是"懒"的精髓所在。将复杂的问题简单化,也是提高学习和办事效率的不二法门!

因此,作为家长,教孩子学"懒",教孩子把复杂的问题简单化,重点就在于对孩子的引导。很多看似繁杂的学习内容,只要家长善于引导孩子去发现隐藏在众多知识内容背后的内在规律,让孩子总结出一套属于自己的学习经验和技巧,就能让孩子有效解决学习中遇到的诸多头疼的难题。

譬如说背课文,对很多孩子来说,都是一件头疼的事。但只要找到方法,就能变得很简单——对于一篇课文,首先要弄清楚它的意思,它的中心内容讲的是什么。如果是记叙文,首先要弄清楚它记述的事情、人物、时间、地点等等;如果是说明文,首先要弄明白它主要解说的对象,它的不同方面的意义和性质;如果是议论文,则首先要弄清它要讨论的问题和主要的论点、论据、论证的关系。

在弄明白文章的大意后,就可以按照文章内容为线索进行记忆,要弄懂上下句之间的内容和逻辑上的关系,而后才是语言上的起承转合。这样背课文就能因事而语,有意义地背,言之有物,背之有理。

## 让孩子自己去"乘风破浪"

### 葵花宝典之身体力行

培养孩子良好的习惯，家长首先要以身作则。试想，一个做事缺乏条理的家长怎么会培养出一个做事有条理的孩子？一个在生活中把三口之家打理得井井有条，餐厅、卧室、客厅一尘不染，就连沙发靠垫也从不乱放，而且无论多忙，吃完饭，都会先把锅碗洗干净才离开的家长，才能被孩子视为榜样。有些家长利用业余时间报名参加自学考试，给自己充电，为了学习而自订计划，并让孩子负责监督。这样的家长也会启发孩子爱上阅读。往往家长的好习惯也会慢慢影响孩子，例如家长看完书，把书整理好，放进书橱，孩子也会效仿。就在孩子向家长学习，模仿家长做法的过程中，不仅养成了做事有条理的好习惯，而且阅读量增加了，见识也广了。

其次让孩子学会自己的事情自己安排，教孩子做事有条理。重要的诀窍就是：给孩子一片天空，放手让他自己学着做事，家长适当给以指导。其实说来也简单，三口之家，三室一厅，大房间和客厅爸爸负责，厨房、卫生间妈妈负责，小房间孩子自己负责。分工到人，从而激发孩子参与的热情。当小房间全属于孩子的了，孩子就开始忙起来，从房间的布置、书包的摆放，再到被子的叠放，全得他自己来。他当然不甘落后，不然，当客人进门的时候，看到没人整理的房间，他会觉得丢面子。家长可以在他整理房间时去参观一番，名为"参观"，实则给以检查指导，引导孩子做得更好。

此外，家长可以经常借节假日的机会，让孩子学做家务，并借此培养她做事的条理性。当然，当她面对洗衣服、买菜、做饭、整理房间这一堆任务时，起先显得有些困惑，不过很快就进入角色。她先把衣服放进洗衣机，当洗衣机开始工作的时候，她开始整理房间。在整理房间的时候，她看到电视里正播放精彩的连续剧，就津津有味地看起来。直到洗衣机"嘟嘟"的提示音提醒了她，她才发觉整理房间的工作还没进行到一半。她赶紧又去晒衣服，再来收拾房间，拖拖拉拉一个小时，总算大功告成。……经过多次锻炼的孩子，总会在实践过程中逐渐养成做事有条理的好习惯，并能将"懒"巧妙运用其中。

# 引导孩子学会自己解决问题步步走

教孩子学会 屁股自己"擦"

● 第一步：8小问，教会孩子学会解决问题

# 第1问：发生什么事情了？

孩子在成长的过程中，免不了会遇到各种各样的问题。作为家长，这时切不可急于插手，你应该意识到，这是一次培养孩子自己解决问题的绝好机会，你要做的就是逐步引导孩子去解决问题。对此，你可以先问孩子8个问题，听听他们有什么想法。而很多情况下，这几个问题一般不用问完，事情就已经很清楚并得到解决了。家长不妨一试。

首先，第1个问题："发生什么事情了？"这个问题看起来不起眼，但是非常重要！

生活中，许多做家长的，当碰到孩子的突发状况时，通常会习惯性地匆匆下判断。譬如说孩子之间打架斗气、孩子被老师罚了，家长通常会不假思索地叱责孩子："一定是你先打他，他才会打你。""一定是你做错事，老师才会处罚你。"几乎从不让孩子从他的角度说说事情的经过，殊不知，这样做很可能就会冤枉了孩子。

对于这一问题，家长正确的做法应当是：在孩子发生问题后，不要急于给孩子下定论，让孩子有机会说话，描述一下事情的发生经过，再来判断孩子的行为究竟是对是错。如果不是孩子的责任，一定要帮助孩子分析清楚这件事情，譬如你们为什么会打架，老师为什么会罚你。当和孩子一起分析清楚事情的原因后，就可以帮助孩子完成解决问题的以下步骤了。如果真的是他的错，他也会因为有机会为自己辩解而心甘情愿地认错。

## 引导孩子学会自己解决问题步步走

# 父母，教会孩子灵机一动

在回家的路上，孩子委屈地向你诉说他被别的孩子欺负的经历。为了让他高兴起来，你允许他晚上多看一会儿电视，或是做了很多他喜欢的好吃的来"讨好"他，顺便帮他想对付那个"坏孩子"的方式。

不如换个方式来帮助孩子，不要让他习惯于你为他代劳。下次遇到麻烦，你应该问他："告诉我，怎么啦？"接下来告诉他，你相信他能度过难关，对他说："我知道你会没事的。"然后鼓励他开动脑筋想办法："想想看，上次隔壁的小宇遇到类似的问题，他是怎么做的？"

一旦他掌握了这个技巧，你还可以考考他，让他在规定的时间内给出答案。这个方法能调动起他的积极性，让他投入地去解决自己遇到的问题，而不是"坐以待毙"。

### 教孩子有事相互商量

孩子们又争吵起来。两人因为看电视看不到一块儿打了起来。像往常一样，他们希望你来协调纠纷。

一个好办法是：教孩子有事相互商量，这样他们能自己避免太过火爆的情况出现。你可以说："如果你不高兴，可以出去干点别的。大家都走开，好好冷静冷静，这样就都能平静下来。"然后，你需要解释一下："你们必须学会有事相互商量。如果你提议出去玩，他又愿意，那不是两个人都很高兴吗？"

接下来，教他们一些相互协商的方法，比如"石头、剪子、布"，抛硬币，或者这样："下次两人闹别扭，谁先走到一边去，谁就算胜了。"规定时限也是减少争吵的好办法。可以告诉孩子们："我规定：你们要是吵架，最多只能吵5分钟。如果5分钟后还在吵，那你们都别看，轮到我看。"

73

教孩子学会 屁股自己"擦"

● 第一步：8小问，教会孩子学会解决问题

# 第2问：你的感觉如何？

当父母和孩子一起分析清楚事情的始末原因后，家长应该引导孩子去讲述自己对于这件事情的真实感受。

很多时候，人们由于无法面对身边所发生的事情从而产生逃避情绪，这样的反应不仅不利于孩子对事物有一个客观的认识，还有可能使孩子的心理情绪难以发泄，从而造成性格上的缺陷。不论发生什么事情，当事人主观都会受到刺激，都会有一个自己的主观感受，一旦可以说出来发泄一下，心情就会好很多。

科学研究还表明，当某个人有着强烈情绪反应的时候，外面的刺激就不容易被大脑所吸收。也就是说，这个人还有着很大情绪反应的时候，别人所说的任何事情他都听不进去，必须要等这个人的心情平静之后，才能听得进去意见，才能做出冷静的思考。假如家长所面对的是一个有情绪的孩子，家长又希望孩子能够听进去建议的时候，家长势必先要让孩子平静下来，而能使孩子平静就是让孩子理清自己的情绪，让孩子的负面情绪有一个宣泄的出口，接下来才是家长对孩子主观想法的正确引导。

此外，家长必须懂得让孩子讲出自己真实感受的另外一层意义是：孩子对于某件事、某个人的直观感受，决定着孩子处理事情的态度，如果孩子对于这件事、对于矛盾对象抱着强烈的抵触或消极心理，就不可能客观地去面对和处理；反之，就不同了。

引导孩子学会自己解决问题步步走

## 尊重孩子的内心感受

### 向孩子显示你正在听他讲话

孩子向父母诉说时，父母的关注表示父母对孩子的尊重和表示父母愿意分享孩子的想法和感受。当孩子开口向父母讲话时，父母应停下正在做的事情，转向孩子，与孩子保持目光接触，并仔细听孩子说话。同时还要通过点头或不时地"嗯……是的……"等来显示父母在注意听他说话。

当然，父母在听孩子说话的时候，不要对孩子进行无端的批评和责骂。因为受委屈的人，很少去反省自己有什么过错，而被感动的人则更容易自省，并且因为感动增加内心的勇气和自信，同时他的自制力也会增强。

### 告诉孩子你所听到的以及你的想法

孩子说话时，无论你有多忙，一定要眼睛看着孩子，不要随意插嘴，尽量表现出你听得很有兴趣。让孩子发表他们的观点，完整地听他的讲话，如果你在某一重要原则上表示不同意他的看法，应告诉他你不赞同他的什么观点，并说出理由。在提出反对意见时不要过于武断，不应否定一切。即使孩子是在信口胡说，也要控制你的情绪，不要妄下定论，直到完全理解清楚。

### 让孩子投入谈话之中

交谈需要花费一些时间，同时，最好是在一种让孩子与大人一样有同等参与机会的轻松气氛中进行。谈话应自由自在，任意发挥。不要有什么仪式安排或预期达到什么结果，尝试着与孩子随意交流观点和看法。

### 接受和尊重孩子的所有感受

孩子向父母诉说时，父母应安静、专心地倾听，但不给予评判。父母不必接受孩子的所有行为表现，而只是接受他的感受。

做父母的千万不能因为自己的子女还是一个孩子，就疏忽了让他们阐述自己看法的机会。一味地指责和粗暴的说教，不能真正解决问题。当然，父母也不要总是居高临下地待孩子，应"蹲下来"倾听孩子诉说原委。孩子有值得称赞的观点，父母应表明支持的态度，即使孩子在认识上存在误区，也要循循善诱，启发开导。

- 第一步：8小问，教会孩子学会解决问题

# 第3问：你想要怎样？

当孩子讲述并发泄完心里的情绪后，孩子自然就能够冷静下来思考问题。当孩子开始思考这其中的问题时，家长就可以不失时机地问孩子第3个问题："你想要怎样？"

在问孩子"你想要怎样"时，家长一定要注意一点，就是孩子不管说出什么样的不同意见，家长都应该耐心听取。家长要明白，不论孩子说出怎样的感想，至少这是孩子通过自己的思考得出的结论，可能这些想法过于单纯，不合乎情理，甚至有些荒唐或是可笑，但那毕竟是孩子的想法。

在孩子说出想法的过程中，家长切记不要下暂时性的结论或判断，而是应该和孩子一起分析、预测各种想法的可行性和结果。对事情有多少分析，就会有多少发现，而新的发现就会引起新的分析，每一次深层次的分析，就能获得深层次的发现，从而获得一个新的分析和预测。要知道，认识一个事情的本质不仅仅存在于实践和调查当中，还存在于分析和预测之中。

所以分析和预测的过程本身就是一个认识事物的过程。不仅如此，往往深层次的认识都是从分析中得来的，而没有一个充分的分析就不会弄清楚一个事情的真正本质，也就不能获得事情本身的规律，从而找不到解决问题的正确方法。

因此家长需要让孩子想清楚到底想要怎样的过程，就是引导孩子具体分析事情的过程。

# 引导孩子学会自己解决问题步步走

## 从孩子的视角看世界

"一天，小狗、小象和小羊在森林里玩皮球，一不小心，皮球被踢到树洞里了，它们该怎么把皮球找回来呢？"老师向孩子们提问，他们的回答千奇百怪，有的说："可以让小象用鼻子把皮球吸起来。"有的说："找一根带钩子的树枝把皮球钩出来。"

看孩子们都想不到那个"最完美"的答案，老师一边叹息一边窃喜："看来你们都不如老师小时候聪明呀。就让老师给你们一个大大的惊喜吧！"

于是，老师便告诉孩子："有一个办法是最好的，它们可以找来一些水灌进树洞里，皮球自然会慢慢升高，这样就可以很轻松地把它拿出来了。"

老师原以为这番话会让孩子们"恍然大悟"，可是却没有听到想象中的掌声，反而看到了孩子们疑惑的表情。紧接着，有几只小手举了起来。

"老师，我觉得你的办法一点都不好，要是树洞里住着小动物的话，不是会被淹死吗？"

"我也觉得不好，树洞旁边一定有小蚂蚁的窝，一浇水，蚂蚁就又得搬家了。"

"张老师，一下子给大树喝那么多水，它一定难受极了。"

……

看着孩子们认真的表情，听着他们滔滔不绝的议论，老师非常惊讶，想不到他们的小脑瓜里有那么多想法，而这些想法又是那样美好，充满着对大自然的爱与关怀，让老师自叹不如。

孩子们有着独特的视角、丰富的想像，孩子们的心灵世界是丰富多彩的。每位成年人，都要用好自己的两只眼睛，一只留给自己，用来审视自己的教育行为是否恰当，是否符合教育的规律，是否有利于孩子身心的发展；而另一只眼睛，应该留给孩子，学会从孩子的视角去看这个世界，理解他们的想法，尊重他们的见解，走进他们的内心世界。

教孩子学会 屁股自己"擦"

● 第一步：8小问，教会孩子学会解决问题

# 第4问：那你觉得有些什么办法？

当孩子把他的所有想法都一一说出来之后，这时父母就要问孩子："那你觉得有些什么办法？"在这一阶段，父母所要做的事情就是引导和帮助孩子找出解决问题的方法。

通常来说，孩子能够说出许多想法，就表示他有意向去这么做，尽管孩子的有些想法可能比较幼稚、不着边际，也无法在现实中去实施。

在寻找解决方法这一阶段，家长不妨跟孩子一起，通过脑力激荡，想出各种点子和办法，包括合理的、不合理的、荒唐的、可笑的、幼稚的……脑力激荡的重点就是允许任何看似无稽的想法存在。这时候，作为家长，不论你听到孩子说出任何解决办法，都暂时不要做批评或者判断。

等到孩子再也想不出任何点子的时候，家长就可以向孩子提出第4个问题："你觉得××方法的后果会怎样？"这样做的目的就是让孩子自己一一分析各种想法的可行性，每个方法的后果会是什么？你可能会很讶异地发现，孩子是很明白事情的后果的。如果他的认知有差距，这时候就你就可以跟他好好讨论，让他明白现实真相，但是要避免说教，只要陈述事实就可以了。这样做，你无疑是获得了一次很好的亲子之间沟通的机会，你可以通过这次机会更好地了解自己孩子的心智发展程度、孩子解决问题的能力、孩子对周围人的态度，等等，以便以后更好地对孩子因材施教。

## 引导孩子学会自己解决问题步步走

阳春三月,生机盎然,处处显露出一派欣欣向荣的气息,树木也在悄悄地发生着变化……看着这些,孩子们也想用画笔表达一下自己的内心感受,画一下春天的树叶。于是我赶紧提供了纸和笔。

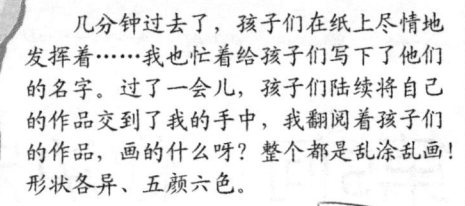

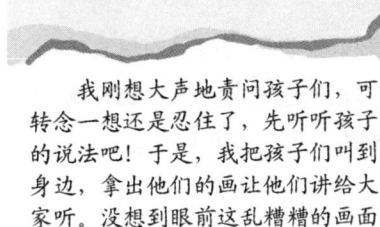

几分钟过去了,孩子们在纸上尽情地发挥着……我也忙着给孩子们写下了他们的名字。过了一会儿,孩子们陆续将自己的作品交到了我的手中,我翻阅着孩子们的作品,画的什么呀?整个都是乱涂乱画!形状各异、五颜六色。

我刚想大声地责问孩子们,可转念一想还是忍住了,先听听孩子的说法吧!于是,我把孩子们叫到身边,拿出他们的画让他们讲给大家听。没想到眼前这乱糟糟的画面立刻成了一幅幅美妙的叶子写生图:

### 孩子有自己的表达方式

这是我画的新长的小芽芽!

我画的是一棵没喝水的小树,它还没发芽呢,只有树枝了。

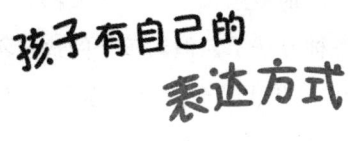

教师应成为幼儿学习活动的支持者、合作者、引导者。"我想:在遇到问题时要先思量一下。我很庆幸在看到孩子们乱七八糟的画后没有成为一个制裁者,扼杀孩子们的成长与能力发展。"以关怀、接纳、尊重的态度与幼儿交往,耐心倾听,努力理解幼儿的想法与感受,支持、鼓励他们大胆探索与表达"这样的教育思想不但要牢记在心,而且要真正运用于实际工作中。

**教孩子学会 屁股自己"擦"**

- 第一步：8小问，教会孩子学会解决问题

# 第5问：你决定怎么做？

当家长帮助孩子想出各种解决问题的办法，并一一分析可能的后果之后，紧接着，就是让孩子做决定的时候了！这是关键的一步。

家长让孩子做出某一决定，通常情况下，孩子一定会选择对自己最有利的解决方法，如果孩子了解后果，通常会做出最合理、最明智的选择。即使是孩子的选择不是家长们所期望的结果，这时家长也要尊重孩子的决定。

现实生活中，很多家长在这一环节都做得不是很好，也问完孩子的想法了，也帮孩子想出各种办法了，但当孩子的决定不符合自己的想法时，做家长的就不同意了，开始千方百计阻挠孩子，你得按父母的想法去做，听我们的保准不吃亏！就这样，因为父母的强势"干预"，孩子自己的决定被搁置！

这就是家长误区，既然说让孩子自己独立解决问题，既然说让孩子自己拿主意、做决定，你就不能言而无信，你就不能先问孩子怎么决定，然后又告诉孩子不可以这么决定。如果是这个样子，孩子以后还敢再信任父母吗？所以，诸位家长，请不要再对孩子做出尔反尔的事情了！

其实，我们分析家长干预孩子的决定，无非就是怕孩子选择错误，父母的心意无可厚非！但为了培养孩子的独立性和承担责任的能力，家长不妨就放手吧！孩子会从错误中学习到更珍贵、难忘的教训的！

引导孩子学会自己解决问题步步走

# 家规，
## 要遵守才有效力

帮助孩子认清并遵守规则时，家长要注意以下几点：

### 1. 充满爱意地和孩子一起制定规则

再小的孩子表达力虽然不强，但感受力却很强，家长真正带着爱意、出于孩子能更好地与人相处而进行的规则说教，他们更易于接受。

### 2. 就事论事

孩子遵守或违反了规则，要及时给予鼓励或批评，就事论事。

### 3. 告诉孩子正确的做法

不光告诉他不能这么做，还要告诉他为什么、应该怎么做，不然孩子下一次还会违反相同的规则。

### 4. 尊重孩子的规则

81

教孩子学会 屁股自己"擦"

● 第一步：8小问，教会孩子学会解决问题

# 第6问：创新找出新思路

我们说，家长不要否定孩子所做的决定，但家长可以通过侧面指导帮助孩子完善决定，完善行动方案。那么，家长该怎样来对孩子进行侧面指导呢？

帮助孩子完善所做的决定，帮助孩子完善行动方案，无非就是要使行动过程更顺畅，使行动结果更完美。作为家长，当孩子决定要实施某个方案时，你不妨提示孩子——能不能找到一种更好的方法去解决问题呢？能不能把这种方法通过另外一种形式来表现出来呢？——让孩子多想几种新的思路，或是走出一条捷径。

日本有一家筷子厂，激烈的竞争使这家工厂濒临倒闭。厂长急得火烧眉毛，但却又想不出什么好的对策。后来，厂里一个工人提了一个建议：不妨在筷子上标上日期，要知道，紧张的生活都快让现代人忘记日子的存在了，如果把周一到周日标志在筷子上，将这样的筷子销售给饭店，不但可以提示今天是什么日子，还很容易让人知道所配食物的新鲜度。这个建议真是绝妙，厂长立即拍板制造这样的筷子。顺着这条思路，这家厂子又做了标有特殊节日的筷子，例如情人节、父亲节等筷子，赋予筷子人情味的色彩。自此以后，随着工艺的不断创新，制造筷子的模具也进行了新的改良，筷子的一边加了一刀，这样，当用餐者把这边掰下来的时候，另一边就变成了一个牙签……

一个的新创意，可以拯救一家筷子厂！同样，一次创新，也可以帮助孩子更好地解决一个问题。

引导孩子学会自己解决问题步步走

## 答案创新需要想象力

① 有一个很有趣的有奖征答题目：在一次乘船游览中，母亲、妻子和儿子同时落水，应该先救谁？

有人说先救母亲，有人说先救媳妇，从成人的角度思考，这都是合理的，但是是并不现实的。获奖的答案是一名8岁小孩，他的答案是应该先救离自己最近的人。

② 在一个充气不足、开始下降的热气球上载着三位科学家。一位是环保专家，他能解决环境污染问题；一位是原子专家，他能有效防止全球性核战争；另一位是粮食专家，他能解决未来人类100亿人口的吃饭问题。现在必须丢出一个人减轻气球负荷方能保证另两位科学家的安全。你认为该抛出哪一位？结果获最高奖的也是一位小孩子，他仅仅6岁。他的答案是丢出最胖的科学家。

③ 从前，有个国王在大臣们的陪同下，来到御花园散步。国王瞧着面前的水池，忽然心血来潮，问身边的大臣："这水池里共有几桶水？"大臣一听面面相觑；国王发旨：给三天考虑。小孩笑道："不用看了，这个问题太容易了！这要看那是怎样的桶，如果和水池一般大，那池里就是一桶水；如果桶只有水池的一半大，那池里就有两桶水；如果桶只有水池的三分之一大，那池里就有三桶水；如果……""行了，完全正确！"国王重赏了这个孩子。

上述三例并不是说儿童的思维能力胜过成人，而是说，儿童有纯真的心理去感受一切，想象力不受拘束，思考问题少有思维定势，而又有强烈的好奇心。这些正是创新思维所必需的。所以上例中的小孩能作出较好的"答案"。

教孩子学会 屁股自己"擦"

● *第一步：8小问，教会孩子学会解决问题*

# 第7问：你希望我做什么？

当孩子想好应该怎样去做的时候，其实内心还是会有些忐忑不安的，原因就是缺乏十足的信心。那么，此时家长就应该接着问第7个问题："你希望我做些什么？"其实，之所以要问这句话，不是说要让家长去替孩子完成这件事，而是说要家长通过这句话给孩子加油打气，以示支持。

家长的一句"你希望我做什么？"在实际生活中，说与不说效果是截然不同的。这句话，并没有直接表示："我支持你的决定！"但它所起到的作用却比直接对孩子说支持的语言来得更有份量。

支持或者不支持只是表明了家长的一种态度，而"你希望我做什么"这句话却真切体现了家长对于孩子所做决定的信赖程度——要是不同意，我们也不会直接表明帮助你的意愿！

作为家长，你要知道，有时候孩子不愿去尝试做事情，其实缺少的就是父母对他所表示的信心！

作为家长，一定要对孩子展示对他的信心，帮助孩子树立自信，只要孩子有自信，什么事情都能做到！在平日里，家长要耐心观察孩子具备什么样的才能和潜质，不要一味地强调孩子不足的地方，而应该积极地寻找他擅长的一面，然后帮助他发现自己的长处，认识真正的自我。

## 引导孩子学会自己解决问题步步走

### 日常教育中"糖太多"

太多的鼓励就像太多的糖，你若想让孩子知道"糖"的甜美，就不要让他掉进糖罐出不来。

今天年轻一代的爸爸妈妈吸取了很多崭新的教育理念，他们往往相信好孩子是夸出来的。

"要不厌其烦地夸，不遗余力地夸，要及时发现孩子的点滴进步，及时用鼓励强化它。"大部分父母认为孩子的好行为就是这样巩固下来的，因此他们鼓励孩子的口吻总是夸张得像一个捡到珍宝的收藏家。

将来一定能当总统！

单凭多多夸奖，就能把孩子塑造成"人见人爱"的天使吗？在"赏识教育"的发祥地美国，也有越来越多的知识阶层的父母，在反思"过分鼓励"的害处，太多的鼓励就像太多的糖一样，要知道，你若想让孩子知道"糖"的甜美，就不要让他掉进糖罐出不来。过分及不当的鼓励有都有害处，太过高调和夸张的鼓励是无用的。

相当一部分父母误解了"赏识教育"的基本原则，他们以为"赏识教育"就是挖地三尺也要找出夸孩子的理由来，甚至认为，"孩子本没有这些长处，你夸了他，他不好意思否认，自然就会朝这个方向努力。"事情果真有这么简单吗？孩子对自己在他人心中的形象清楚得很，他会怀疑父母这样夸他是有他们自己的目的，"他们为了让我乖乖就范才这么说，他们很虚伪。"为了表扬"真正的自我"，孩子很可能得到的赞扬越多，就越顽劣。心理学家吉诺特发现，"幼儿受到过分表扬，反而会产生反感和不安。"一旦孩子发现父母的鼓励带有"哄骗"性质，他的抵触心理可能会越来越严重。

教孩子学会 屁股自己"擦"

● 第一步：8小问，教会孩子学会解决问题

# 第8问：结果怎样？
# 有没有如你所料？

当孩子"勇敢"地实施了自己的想法和方法之后，结果会怎样，谁都无法预知！那么，事情过去之后，家长就有必要问孩子最后一个问题："结果怎样？有没有如你所料？"或是"下次碰见相似的情形，你会怎么选择？"家长这样问，很大程度上并不是为了结果而问，而是让孩子回过头来想想自己所做事情的过程，让孩子有时间去仔细想想自己的判断。

生活中，很多家长总是看重孩子做事的结果。的确，结果很重要！但再重要的结果也是由过程演变而来，而且过程和结果之间有着绝对的联系。只看重结果很可能会为了侧重的结果而不择手段，只看重过程很可能因不在乎结果而对过程随心所欲。那么过程和结果，孰轻孰重？家长又该如何教孩子取舍？不同的立场所表现的结果也就不同。在家长看来，孩子的学习生涯中，所谓的结果就是分数，就是成绩，所以很多家长会认为结果更重要，虽然很多孩子会在学习过程中表现得不尽人意，但只要最后有一个好的分数，就万事大吉，家长也不会在意孩子平时的表现。有些孩子可能会很努力，但只要结果不尽如人意，家长就一概否定孩子的努力。

其实两类家长都是不合格的，孩子学习时掌握良好的习惯和方法才是最重要的，但家长以上的做法都不利于孩子尝试好方法。所以对于孩子来说，提高解决问题的能力才是真正意义上的成功。

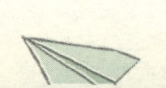

## 引导孩子学会自己解决问题步步走

### 给孩子时间 让他去尝试

很多家长总认为孩子经验不足或是考虑孩子年龄等因素就不给孩子机会去尝试，其实家长这样的想法过于守旧。首先，家长应正确认识孩子具有自己解决问题的巨大潜能，孩子虽然年龄小，但他也是一个独立的个体，有他独特的思维方式与解决问题的办法，教育者应尊重儿童，相信他们能自己解决问题。

其次，多提供让孩子自己解决问题的机会。在现实生活中，很多教师在面对孩子争吵、打架、抢东西时往往立即前去给予解决，心里还暗自庆幸幸亏及时发现，不然又要出乱子了。这种行为表面上看起来无可厚非，但却潜潜藏着巨大的内在隐患，遏制了孩子多方面的发展，失去了锻炼孩子能力的机会，泯灭了孩子的主动性与创造性。要注意培养孩子自主和自立的精神，在生活起居、学习活动、社会交往中多让孩子自己解决问题。

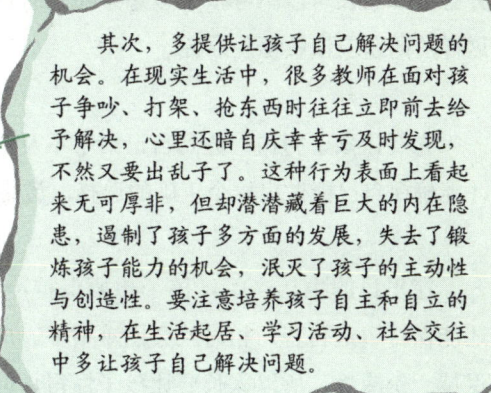

最后，还可以通过间接帮助，让孩子成功解决问题，树立自信心，通过亲自尝试解决问题，体验成功的快乐，树立孩子的自信心。但是孩子毕竟还小，这就决定父母给予引导与帮助是完全必要的，如果完全撒手不管，势必会让更多的孩子在力不能及的范围内因遇到困难而放弃、退缩。形成自卑感及在以后问题中不敢面对，而如果家长简单点拨，就可使孩子体验到成功的喜悦，进而激发孩子继续自己解决问题的兴趣。只要家长有足够的耐心，又给孩子机会去尝试，就要相信孩子可以成功，相信孩子一定能行。

● 第二步：引导孩子设计解决方法

# 遇事保持冷静头脑

生活中，有不少孩子，当遇到困难问题时，总会显得手忙脚乱，甚至惊呼"妈呀，我该怎么办？"此时，家长让孩子保持冷静的头脑来对待问题就显得十分必要。家长可以引导孩子多想想在平时这样的事情是怎么做的，或是为了解决这样的问题应该做哪些准备。

先要让孩子明白，遇到自己措手不及的事情时，只有保持一个冷静的头脑，才能确保自己能做出一个正确的选择，最终找到一个合理的程序以解决问题。

在平日的生活当中，孩子想要保持冷静的头脑并不难做到，但在关键时刻还能保持镇定自若，相对就会困难很多。成功人士的共同特点就是关键时刻总能保持一份冷静，所以家长要让孩子懂得，问题与人的关系只有两种，要么征服问题，要么被问题征服。孩子只有遇事能够很好地控制自己，才能让自己头脑中的技巧派上用场。当问题出现的时候，不论自己有多么吃惊，首要的就是保持一个冷静的头脑。

让孩子记住冷静的重要性，让其深深扎根于孩子的头脑之中，这样孩子就会在遇事之前"保持冷静"，并在问题发生之前有一个充分的心理准备，然后按照自己设定的合理程序一步一步地解决问题。于是，当别的孩子还在对问题不能做出取舍决定之时，你的孩子早已给自己创造了一种有助于解决问题的条件——冷静！

## 引导孩子学会自己解决问题步步走

### 发泄情绪让孩子冷静下来

对于年龄尚小的孩子来说，他的情绪反应往往来自身体，而不是情感方面。身体健康的孩子，较少有极端情绪反应。

让孩子学会冷静下来，能够很好地掌控自己的思想、情感和需求，可选择在孩子最轻松的时候进行，这时的孩子更乐于去尝试一些新鲜事情。

发泄情绪可以用这样的方式：

- 用手指在孩子的背上画字、数字或图形，让孩子猜。

- 让他的肌肉紧绷五秒钟左右，然后彻底放松。

- 有规律地让孩子把注意力集中到自己身体的各个部位——从双脚开始，慢慢地往头部方向移动。

教孩子学会 屁股自己"擦"

● 第二步：引导孩子设计解决方法

# 撇清迷惑，解决问题

当孩子遇到问题并使自己保持冷静之后，接下来就要面对更大的挑战——分清重重迷惑，把问题从头到脚首逐层分解，并最终解决问题。

通常，问题的出现都是由很多小挑战而聚集起来的一个大的混乱局面，这种混乱通常会使孩子一时分不清方向，这不足为奇，毕竟孩子由于年龄的限制，阅历尚浅。有时孩子也能预见到问题的出现，但并不意味着孩子能看清事情的结局，更是谈不上中间过程的准确预见。所以孩子仅仅停留在问题的认识层面上，迷惑之时还需要家长的指引。

家长引导孩子解决问题，除了要让孩子保持冷静外，还需要鼓励孩子有足够的信心去解决问题，并能够让自己被问题征服之前采取果断行动把问题"拿下"。家长可以引导孩子把与问题相关的信息记录在纸上，这样既有利于刺激孩子的大脑，又使得孩子能充分发挥自己的创造力去解决问题。

这样孩子就会明白自己当前首要解决的问题是什么，等到问题已经在孩子头脑里有了一个基本的轮廓之时，孩子就不会显得那么不知所措了。

另外，能够把问题解决好、处理好，和个人的知识以及经验都有着重要的关系，父母可以引导孩子从别人身上吸取经验以弥补自己阅历的不足。这样孩子再集中精力解决问题的时候，就会从经验入手去分析问题，并做出一些对自己有利的行为。

引导孩子学会自己解决问题步步走

## 用游戏提高孩子的注意力

家长们也许都发现了，注意力不集中，容易分心是孩子的共性。孩子年龄越小，控制注意力的时间越短，比如1～2岁的孩子，注意力最多不会超过3分钟。如何改善宝宝的这种现状呢？

专家分析，这类孩子具有注意力分散度较大的气质特点，应该及早给予帮助，否则到学龄时期就会有多动症表现。对于这类孩子，可以用讲故事的方法来提高他的注意力。讲故事前，先与孩子面对面、手拉着手坐好，然后再有声有色地讲故事，并经常用眼神、体态、语言与孩子交流，还可以用提问的方式让孩子参与讲故事。

发现孩子的注意力实在无法坚持集中时，立即宣布"今天故事讲到这里，明天继续"。随着听故事时间的延长，注意力的提高，可以发展到让孩子收听广播里的故事。

在训练孩子注意力时需要注意以下几点：

- 刚开始训练时，可能孩子并不合作，这时切忌打骂孩子，否则他们会对训练产生厌恶情绪，导致训练无法深入开展。
- 训练内容一定要围绕着"玩"字，切忌认字、写字或课堂式教育。
- 训练时间长短一定要根据孩子的年龄、特点决定，不要用成人的标准去衡量与要求孩子。

教孩子学会 屁股自己"擦"

● 第二步：引导孩子设计解决方法

# 基本程序之认清并解决

当一个人都不能明白自己所在的处置时，又怎么能知道自己想要去的地方，同理，当孩子不能认清问题所出现的形式或是分不清什么是问题的时候，又想去解决一个问题，那真是难上加难。所以家长先要让孩子认清什么是问题，才能给孩子解决问题找到一个好的开始。

当孩子对所面对的问题有了一个必要而详细的了解之后，才不会在一些无谓的问题上花费一些不必要的时间，所以，孩子先要认清什么是问题的关键。

当孩子明确自己所面临的问题时，就会着手分析自己的问题是出现在计划的制定还是执行的过程之中，这样孩子就会掌握越来越多的相关信息，而这些信息又能帮助着孩子做出更为准确的判断和分析。

当孩子越来越明确自己所面对的问题时，头脑就会累积起越来越多的解决方案，也就明白问题没有自己想象的那么可怕，这些都有助于快速建立孩子的自信。

家长发现孩子手头上已经有了解决方案，就应该引导孩子去比较这些方案的利弊，把这些方法去做一些比较，测评其中哪一种能够提供最高的效率，经过如此多番锻炼，孩子的识别能力就会有很大的提高。这样，当孩子再去面对错综复杂的问题时，就能很快地认清问题，并找出解决的方案。

## 引导孩子学会自己解决问题步步走

### 给孩子制定一个目标

帮孩子制定目标的过程就是让孩子逐渐熟悉基本程序的过程,这样不仅能帮孩子提升对事物的认知能力,并且还能帮孩子提升解决问题的能力,而通常孩子所列目标分近期和远期两种。

### 近期目标

很多孩子都有拖拉的习惯,拖拉会引起孩子粗心大意等不好的习惯,因此,我会按照孩子的作业量规定一个时间,孩子必须在规定的时间内完成作业,要是时间到了,作业还没有完成,那孩子就不能再写了,而完成不了作业就面临着第二天被老师批评。因此,第二天可以早些起来,先把作业补完之后再上学,如果第二天补作业的情况超过三次就不能再让孩子补作业了。在学校得到什么样的批评也要自己承受了。

这样坚持下去,我发现孩子写作业的速度快多了,而且写字的时候也专心多了,如果不专心就会在规定的时间内写不完作业,而且孩子粗心的毛病也改了不少。

### 远期目标

孩子爱听故事,特别对科学家的故事很入迷,因此也希望自己长大后也能成为科学家。针对这样的目标,我们平时就应该多给孩子讲科学家勤奋学习的故事,让孩子也学学科学家的那种韧劲,告诉孩子,长大后想当科学家就必须从小打好基础,学好本领才能从事科学研究等。总之,要从小努力学习科学知识。

教孩子学会 屁股自己 "擦"

● 第二步：引导孩子设计解决方法

# 检测方案找寻最佳

当孩子头脑里已经有了一系列的方案时，接下来家长要做的，就是按优先次序把这些方案排好，引导孩子去判断哪些方案的可行性高，之后再做检验。此外，家长还应该注意的是，不需要让孩子花费太多的时间去检测所想到的所有方案，只需让孩子去检测那些非常具有可行性，并且通过思考很有说服力的方案。如此的反复检测才能帮助孩子找到最佳方案，有助于孩子做出正确的决定。

19世纪末，美国有一位名叫弗里德里希·泰勒的管理学家，他于1898年进入伯利恒钢铁公司工作。1912年，他在美国国会众议院的一个特别委员会上说："我在伯利恒钢铁公司发现，工人们都带着自己的铲子去铲原料。好的工人一下子能铲起35磅煤屑，也能一下铲起38磅矿石，衡量工人的工作效率究竟该以什么为标准呢？我建议设计一种标准铲。"

有人讥讽泰勒的小题大做："假如连使用铲子的方法也能成为科学，恐怕世界上没有东西不能称为科学了！"泰勒反驳说："使用铲子确实有学问，而且您说得对，世界上所有事物都能成为科学！"

泰勒说到做到，真的设计了一种"标准铲"。尽管工人每次铲起矿石的重量少了4磅，但每天的总量却提高了10吨。接下来，泰勒一点点测试，发现每铲铲21.5磅时，工人的工作效率达到最高。泰勒设计的工作铲达到15种之多，大大地提高了公司的生产效率……

# 引导孩子学会自己解决问题步步走

## 尝试让孩子自己解决一些简单问题

一天中午,爸爸到学校接田田,顺便找班主任黄老师了解一下田田近期在校的情况。

表现还不错。

最近上课表现怎样?

回答问题很积极,就是前面的XX偶尔会回头和孩子讲话。

爸爸于是就把这个问题记在了心上,回到家,爸爸就问田田上课是不是和XX讲话,田田很委屈的样子:

是她找我讲话,我俩今天讲话,都被音乐老师点名了。

她找你讲话,你不和她说,不就行了。

不行,我不和她说话,她老是找我说。

我知道是她找你说,今天黄老师也对我这样说的。这样吧,你下午在课间的时候一定找黄老师说说这件事,叫黄老师和她说,上课再也不能讲话了。

那人家不说我打小报告啊?

这不叫打小报告,你这是如实反映问题,又不是瞎讲。

以后爸爸妈妈不可能什么事都替你安排好,你现在是小学生了,有的事你可以自己解决,今天你就尝试一次吧,老爸相信你会做得很好!

听爸爸这么一说,田田答应了,下午就和黄老师说了那个问题。

田田终于靠自己的能力解决了一件事情,这让孩子自信心倍增。

### 第二步：引导孩子设计解决方法

# 不起作用怎么办？

任何一个计划的实施都不可能百分百地朝着自己制定的方向发展，或许中间的某个步骤出现错误，结果孩子发现自己精心准备的计划到最后却得了一个落空的下场，心中不免有失落情绪，此时作为家长的你又该怎么办呢？鼓励孩子重新恢复信心是家长需要做的第一步，引导孩子引用其他可行计划是第二步，或是直接和孩子停下来一起分析失败的原因，随时改变原定计划以求得到最佳效果。当然这需要孩子头脑里有很多的计划方案。

策略很重要，计划很重要，实施也很重要，让一个孩子通盘考虑这些东西实在是相当困难，这需要家长引导孩子在点滴中积累这方面的意识，让孩子明白不是所有的计划都能得到最终计划的结果，因此凡事都要做好全面的准备，其中有些事情做了准备但不起作用怎么办？孩子一定会问家长，难道这样的预想假设也要做到吗？的确，只有发现一切可能潜在的问题，才能有效地避免自己不想看见的事情发生，而提前预想好解决问题的方法，总比问题发生而显得措手不及要好很多。

例如，孩子养了一只小动物，可能孩子以为它会喜欢吃巧克力，但是它如果不吃巧克力就是不起作用的结果，难道让孩子继续喂小动物巧克力吗？当然不是，只有喂不同的食物才能最终确定它喜欢吃什么。

孩子做事情也是一样，这样不行就去试另外一种方法，总会有一种合适的方法是可行的。

## 孩子失败了，父母怎么办？

一次考试，凯西考得很不理想。于是，她一进门看到妈妈就大哭起来，很伤感地说：

"妈妈，这次我考得很不好。"

"这次考不好，还有下次呢，你会考好的！关键在于你错在什么地方，这些错误是因为你不懂，还是因为粗心造成的？"

"凯西，来，妈妈帮你一起纠正，好吗？"

通过这件事，孩子明白了：人应该学会勇敢地面对挫折，面对失败，更应该找出失败的原因，然后采取相应的措施。

一些孩子由于心理年龄特征和各方面的能力所限，常常难以达到成年人的高要求，因而受到成年人的否定。孩子屡遭失败，不仅得不到自信心形成所必需的成功体验，而且还会产生持续失败的挫折感，慢慢积累"我不行"的消极情感。孩子很容易由经常的自我怀疑而走向自卑，由厌学而变成厌世。

好家长就应该设身处地地考虑孩子的实际情况，照顾孩子的兴趣爱好和实际能力，尊重孩子的意愿，而不是盲目地要求孩子按照成年人预先设计的轨道成长。所以，家长千万不要硬性地对孩子提出过高的期望和要求。

其实，在生活中，让孩子适当地承受一些失败是很必要的。作为父母，必须让孩子知道，每个人都有失败的可能；但失败并不可怕，可怕的是失败了不敢面对，不去改正。

教孩子学会 屁股自己"擦"

● *第二步：引导孩子设计解决方法*

# 创造环境锻炼能力

  关于培养孩子解决问题的能力，家长光是孩子纸上谈兵很难达到理想的效果。为此，家长还必须要为孩子创造一些实践机会。据一项心理学研究成果表明，孩子能否成功地解决问题和孩子的智商没有很大的关系，更多地是取决于孩子的经历，因此，家长有必要为了培养孩子解决问题的能力而给孩子创造一些环境和机会，这样孩子才能在所设立的环境中多一些锻炼，才能让孩子的能力有切实的提高。

  生活中，有些家长的做法就非常可取，他们往往会把家里很多琐碎的小事情交给孩子去办理。就拿家长需要用电话去交流的业务来说，例如联系煤气公司把家里的煤气罐换掉；给快递公司打电话联系家里快件的发送情况；和家政公司联系，找人疏通家中的下水管道；联系纯净水公司换送家中的纯净水，等等，这些小事情都可以交给孩子去办理，而孩子在电话里就必须要学会与人沟通，慢慢增长自己解决生活中现实问题的能力，同时也锻炼了自我应对的能力。

  虽然前面所说的都只是一些生活中的琐碎事，但这些小事却对孩子的成长有着非同一般的意义。

  此外，还需要跟家长强调一点的是，家长一定要相信孩子有自己解决问题的思想和能力，只要他们通过一定的经历和实践，就一定能学会自己独立去面对并圆满解决问题。而家长所要做的就是为孩子营造一个环境，交给孩子解决问题的技巧。

引导孩子学会自己解决问题步步走

每个孩子都有其所处的家庭和集体，每个家庭、集体中各有其规定和纪律，所以必须让孩子养成遵守团体规则的习惯。为此，就需要让孩子获得这样的体验：即使想按照自己的意愿行事，有时也要克制。并且，这种对自己内心欲望的克制和忍耐不是出自大人的强制，而是来自孩子自己对周围人的体谅心情。

## 环境造就适应能力

从这个意义上来说，适应能力的发展也需要自发性的发育和体谅他人之心作为支撑。在孩子的内心，自发性和适应性之间常常发生冲突。但是，通过这种冲撞，可以把孩子从顺从大人的"假适应"中拯救出来，从而获得真正的适应能力。

培养孩子的适应能力，最有效的方法就是给予孩子各种各样的体验机会，其中失败的体验也具有相当大的意义。在孩子向从未经历过的事物挑战的时候，通常情况下是不会顺利的。不过，忍耐这种痛苦也是一种必需的经验。如果妈妈为了避免孩子的失败，而将一切包办代替的话，孩子的适应能力是培养不出来的。

● 第三步：控制好情绪奠定成功

# 情绪就像不定时炸弹，会随时爆炸

孩子年龄小，在表达自己的意愿时不会长篇大论，也很难用言语把感情上受到的所有伤害都表达出来；但同时，他们却很明白自己的好恶。也就是说，他们已经有了很强大的"自我"观念，却苦于无法表达。这让他们像一颗随时都会引爆的炸弹，让父母防不胜防。

譬如，家长带孩子去超市，在超市里本来好好的，可要结账的时候，小家伙被一件你认为丑得要死的玩具迷上了，你当然不会掏钱买，可他开始大哭起来，说自己很喜欢，非要你给他买……于是所有的人都看着你们，你觉得很难堪。

孩子在公共场合的这种发作是最要命的，父母很难在众人责难的目光下坚守阵线，但是，难道不该发作吗？他想要一样东西，可你不给他买，他发火了，并且明确地表现了出来。他接受了限制，却不放弃告诉别人自己的存在。

这样的行为使父母对自己的爱经受了严峻的考验，尽管小家伙们也不愿这样。毕竟对他们来说，重要的不是再多一件玩具，而是时时刻刻拥有父母的爱。不论自己高兴还是忧伤，不论自己像个天使还是魔鬼，虽然又哭又闹，可妈妈还是那么爱我。这种想法是很让人开心甚至是有快感的。所以，发火不仅有发泄和释放作用，而且经过正确处理，还会使宝宝们增强自信。正因为确信自己被父母关爱，宝宝发火后才又放松又高兴，像平时一样安静。

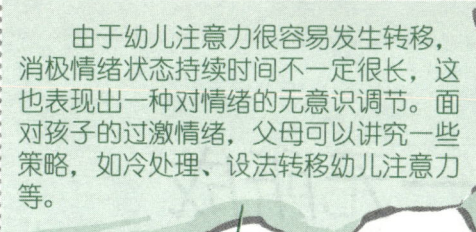

引导孩子学会自己解决问题步步走

## 轻松拆除 情绪过激的 炸弹

由于幼儿注意力很容易发生转移，消极情绪状态持续时间不一定很长，这也表现出一种对情绪的无意识调节。面对孩子的过激情绪，父母可以讲究一些策略，如冷处理、设法转移幼儿注意力等。

同时家长又应该帮助孩子自觉主动地控制情绪。如教给幼儿自我调节的方法，告诉他们，当控制不了自己的情绪时，就在心里暗暗说"不能打人"，"不能摔东西"，或者在不愉快时多想想有趣的事情。

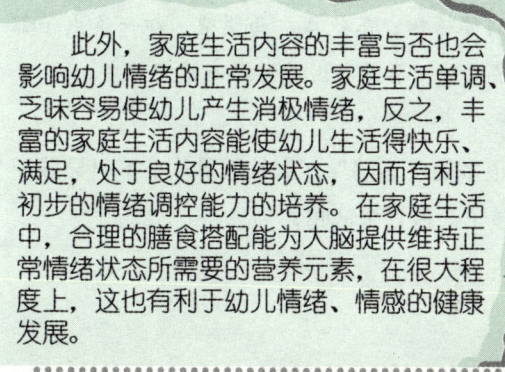

此外，家庭生活内容的丰富与否也会影响幼儿情绪的正常发展。家庭生活单调、乏味容易使幼儿产生消极情绪，反之，丰富的家庭生活内容能使幼儿生活得快乐、满足，处于良好的情绪状态，因而有利于初步的情绪调控能力的培养。在家庭生活中，合理的膳食搭配能为大脑提供维持正常情绪状态所需要的营养元素，在很大程度上，这也有利于幼儿情绪、情感的健康发展。

### 第三步：控制好情绪奠定成功

# 浮躁会使孩子一无所成

浮躁，是一个人做事的大忌，带着浮躁的情绪做事，常常会使事情变得很糟糕。

红红参加了学校的舞蹈训练小组，但没学几天，她觉得练舞蹈太累，还是弹钢吧，于是就改学弹钢琴；又过了不久，红红感觉学钢琴很无聊，想学点艺术性强的，就上了绘画小组；但绘画又要求太高，太繁琐，于是就转学唱歌……这样，红红不断地换班，始终没有静静地坐下来，专心学好一门本领。当一个学期结束后，红红发现自己什么也没学会。

总结而言，浮躁的人常常会表现为：心浮气躁，浅尝辄止，患得患失，焦虑不安；稍不如意就轻易放弃，从来不肯为一件事倾尽全力；东一榔头西一棒槌，等等。

啄木鸟和喜鹊在树林里寻找食物。啄木鸟总是默默地、一声不响地细心寻觅，一旦发现病树，就停下来专心致志地寻找虫子，直到找到为止。而喜鹊却"叽叽喳喳"叫个不停，从这棵树飞到那棵树，东找找、西望望，却一条虫子都找不到。最后，啄木鸟因为专一，有了收获，喜鹊却因为浮躁而饿了肚皮。

生活中，看看孩子们，其中就有很多的"喜鹊"。家长如果从小不引导孩子戒除浮躁的情绪，那你又如何能保证孩子会做好事情呢？

## 引导孩子学会自己解决问题步步走

### 浮躁的孩子如此多

浮躁心理是当前一些青少年的通病之一，表现为行动盲目，缺乏思考和计划，做事心神不定，缺乏恒心和毅力，急于求成，不能脚踏实地。比如，有的孩子看到歌星挣大钱，就想当歌星；看到企业家、经理神气，又想当企业家、经理，但又不愿为了实现自己的理想努力学习。还有的孩子兴趣爱好转换太快，干什么事都没有常性，今天学绘画，明天学电脑，三天打鱼两天晒网，忽冷忽热，最终一事无成。

浮躁心理的产生主要有以下原因：

### 1. 家长的影响

我国正处于社会转型期，社会结构进行着大调整，在改革带来的社会变化面前，不少家长的心理处于矛盾状态，既对改革的成果表示赞成和满意，又担心和忧虑在新体制带来的震动和冲击面前无法适应，因而患得患失，心神不安。也有的家长急于脱贫或改变生活现状，表现出急功近利、急躁的心态，恨不得一眨眼成为"先富起来的那一部分人"，这种心理也会影响到子女。

### 2. 与遗传有关

心理学的研究表明，具有强而不灵活、不平衡的神经类型的人，容易急躁，沉不住气，做事易冲动，注意力易分散。

### 3. 意志品质薄弱

有的父母只知道给孩子灌输知识，却不知培养孩子的意志品质，因而造成有的孩子学习怕苦怕累，做事急躁冒进，缺乏恒心。

● 第三步：控制好情绪奠定成功

# 控制情绪，尊重为前提

随着教育问题研究的逐步深入，目前，越来越多的人开始关注孩子的情绪和心理发展。心理学家指出：良好的情绪有利于提高孩子的交际能力、发展语言思维，促进孩子良好性格的形成。帮助孩子发展良好的情绪，成为父母们的共识。

愤怒，是孩子常见的一种负面情绪，可能会出现在一天活动的许多环节，对儿童身心危害极大。一般来讲，愤怒情绪常常伴随有哭闹、破坏性和攻击性行为，有的孩子甚至会出现自虐行为，比如用头去撞墙、掐自己。愤怒情绪处理不当会严重损害孩子的身心健康。

在一些家庭里，有的家长一看到孩子愤怒的样子就会很生气，不自觉地从心里上就和孩子形成了对立的局面。家长们把愤怒情绪的管理简化为两个字：压制。"你怎么能随便打小朋友！""再哭我就不要你了！""我数到三，你闭上嘴！""男子汉不能哭，丢人！"这些话不经意间就会从家长的嘴里冒出来。

很明显，在这样的情况下，孩子们感受不到来自父母的尊重，感受不到爱的温暖，这会更加激发孩子的反抗心理，加剧孩子的愤怒情绪。

如果家长们想让孩子从心里接纳自己，愿意和自己沟通，真正地平息心里的愤怒，首先要做到尊重孩子。让孩子与自己不要站在对立的一面，让孩子愤怒时，感到来自父母的依靠。

## 引导孩子学会自己解决问题步步走

### 这样改变浮躁的孩子

帮助孩子树立远大理想。伟大作家托尔斯泰说过:"理想是指路的明灯。没有理想,就没有坚定的方向;没有方向,就没有生活。"父母只有帮助孩子树立远大的理想,才能使孩子明确生活的目的和对崇高理想的追求,产生对生活和学习的高度责任感,这对防止孩子浮躁心理的滋生和蔓延是十分有利的。

重视孩子的行为习惯。一是要求孩子做事情要先思考,后行动。比如出门旅行,要先决定目的地与路线;上台演讲,应先准备讲稿。父母要引导孩子在做事之前,经常问自己这样一些问题:"为什么做?做这个吗?希望什么结果?最好怎样做?"并要具体回答,写在纸上,使目的明确,言行、手段具体化。二是要求孩子做事情要有始有终,不焦躁,不虚浮,踏踏实实做每一件事,一次做不成的事情就一点一点分开做,积少成多,积沙成塔,累积到最后即可达到目标。

有针对性地"磨练"。父母可以采取一些措施,有针对性地"磨练"孩子的浮躁心理。如指导孩子练习书法,学习绘画,弹琴,解乱绳结,下棋等,这些都有助于培养孩子的耐心和韧性。此外,还要指导孩子学会调控自己的浮躁情绪。例如,做事时,孩子可用语言进行自我暗示,"不要急,急躁会把事情办坏","坚持就是胜利"。只要坚持进行这样的磨练,孩子浮躁的毛病就会慢慢改掉。

用榜样教育孩子。身教重于言教。首先,父母要调适自己的心态,改掉浮躁的毛病,为孩子树立勤奋努力、脚踏实地工作的良好形象,用自己的言行去影响孩子。其次,鼓励孩子用榜样,如革命前辈、科学家、发明家、劳动模范、文艺作品中的优秀人物以及周围的一些同学的生动、形象的优良品质来对照检查自己,督促自己改掉浮躁的毛病,教育其培养勤奋不息、坚忍不拔的优良品质。

教孩子学会 屁股自己"擦"

● 第三步：控制好情绪奠定成功

# 情绪管理，理解是关键

孩子有了情绪，家长不应否认或压制它，当然，家长也不能任孩子随意地发泄情绪，以至于培养出一个"暴君"来。当发现孩子生气的时候，家长首先要问清楚原因。有时孩子表达不清，需要家长的提示来回想自己生气的理由，如："你是不是不舒服？"或"是不是和小朋友吵架了？"

问明情况后，家长对孩子给出的合理理由，应该表示理解和尊重。譬如父母可以说："我知道你受到了伤害，我们一起来想办法解决。"往往比"哭什么哭，有什么好哭的！"效果要好得多。

家长在帮助孩子平复情绪时，应先让孩子离开令他生气的环境，并与孩子进行平和冷静的交谈，这样能防止孩子愤怒情绪的继续累积和扩散，还能帮他保全"面子"。

家长在了解孩子发怒的原因后，最好缓和一下气氛，给孩子一个轻松温和的笑脸，这样有利于随后进行冷静的讨论，使情况好转。

有时侯，家长只需要向孩子表达自己的关爱之情就足以使孩子转怒为喜。家长可以走近正在生气的孩子，给他一个亲吻或拥抱，这样，可以起到镇静作用。年龄小一点的孩子喜欢让大人和他一起玩，所以，如果孩子正在发脾气，要把玩具摔坏，来发泄自己的愤怒，家长就可以告诉孩子自己很喜欢这个玩具，从而阻止他的行为。当孩子正为一大堆家庭作业而烦恼时，家长及时走过去帮助他，用口头或身体语言对他进行鼓励，也可以避免他大发脾气。

引导孩子学会自己解决问题步步走

## 尊重孩子的负面情绪

发现孩子情绪背后的原因可以让爸爸妈妈更有针对性地解决问题，从长期来看也有助于良好亲子关系的建立，但是破译或者正确对待孩子的情绪可不是一件容易的事，这必须建立在父母了解孩子、愿意尊重孩子心理和情感的基础之上。可是当爸爸妈妈蹲下来，准备倾听孩子各种不安感受的时候，却感觉有些力不从心，因为孩子们透露负面情绪的方式实在是变化多端！

1. 帮他说出真正的感受

　　成年人尚且不能用绝对准确的语言表达自己的情绪，那么孩子就更困难了。如果能帮他说出他难以表达和消化的情绪，那么孩子就不容易在这种情绪和带来情绪的问题上纠缠，对于父母的教导，孩子也更容易听进去了。

2. 不忽视看似无足轻重的情绪

3. 给他一个拥抱或者一些小零食

4. 借助"艺术创作"舒缓情绪

5. 适当时候给予鼓励和激励

教孩子学会 屁股自己"擦"

● 第三步：控制好情绪奠定成功

# 释放愤怒，转移注意力

当孩子一天天地长大，其生理和心智都开始成熟，孩子开始有自己的想法，对父母渐渐地不再甘心俯首贴耳。孩子不听话，打骂解决不了问题，做家长的只有讲究方式方法，才能教育好孩子。

小琳的女儿满两周岁就上了幼儿园，刚开始都是抱着来回。过了一段时间，女儿已经适应了幼儿园的生活，这天，小琳也开始对女儿提出要求：自己走！

刚开始，女儿当然不愿意，抱住小琳的双腿，无论小琳怎么跟女儿讲道理，女儿只重复着一个字：抱！怎么办呢？如果迁就，就助长了女儿的依赖性。

后来，小琳突然看见马路前面的灯柱，心生一计，蹲了下去轻轻地搂着女儿说："还记得我们昨天讲的'龟兔赛跑'的故事吗？"一讲到故事，女儿来了精神："记得！"

小琳指着不远处的灯柱说："看见前面的那根灯柱了吗？"女儿不解地望着小琳说："看见了。"小琳提高了声音，做出很兴奋的样子说："那我们就来'龟兔赛跑'，看谁先跑到前面那根灯柱那里，好吗？"没等女儿回答，小琳继续说道："你做'乌龟'呢？还是'小白兔'？"女儿松开双手，举在头顶，边蹦跳边说："我做小白兔。"

现实生活中，转移注意力的办法有很多。对于家长来说，当你遇到孩子发脾气的时候，不妨试着用转移注意力的方式，让孩子释放愤怒，并消解于无形！

## 引导孩子学会自己解决问题步步走

### 教个方法，释放孩子的愤怒

**方法1：写下反击的话语**

有一种释放怒气的做法是在手纸或纸巾上写下只给自己看的反击愤怒的话。

孩子可以在浴室的台子上或任何能暂时独处的地方写下这类的话，比如："某某，这是你把写有'踢我'的条子贴在我裤子后面之后，我想对你说的……"告诉孩子，既然没有别人看到他/她写的内容，他/她可以自由地表达自己的愤怒。

**方法2：进行亲子练习**

在家里可以进行一种有效的亲子练习。孩子和母亲（父亲）背靠背坐着，其中一人不受打扰地说3分钟，倾诉想要表达的任何感情，另外一人只需以"嗯嗯"附和。3分钟后，他（她）才能说话。双方轮流说话，直到想要说的全部说完为止。结束时，两人应该至少在一起说5分钟。

**方法3：投掷目标**

你还可以在孩子卧室的墙上挂一个投掷板，当他/她向你或其他家人倾诉完愤怒后，还需要一段时间将体内的愤怒释放出来，每次用飞镖投掷目标时，他/她会继续发泄出他/她的怒气。能够进行此类练习，表明孩子正在感情丰富的家庭环境中成长。

对孩子来说，重要的是要知道愤怒并不是"不良"的情绪，我们的生存依赖它。当身体受到威胁时人们会生气，当受到不公正的对待、被侮辱或贬低时人们会生气，当追求目标受挫时人们会生气。生气使我们有机会了解我们人格中隐藏的可爱的一面。发泄怒气是有好处的，它会使被压抑在心底的强烈情绪释放出来，使身体和心理都受益，并且不会伤害到其他人。

教孩子学会 屁股自己"擦"

● 第三步：控制好情绪奠定成功

# 积极指引让孩子学会换位思考

生活中，在许多事情发生之后，孩子通常不会思考事情发生的原因，只是一味地发火。父母要在合适的时间告诉孩子原因，引导孩子逐渐懂得换位思考，懂得体谅别人。

中午，郝燕下班回到家，发现儿子坐在床边哭，红红的眼圈，晶莹的泪花。儿子一向很少哭的。"怎么啦？"郝燕急切而心疼地问。

"你看你看！"他指着电脑屏幕，差点儿又要发火。

原来，他放学回来上网玩游戏，才玩两分钟，就断线了。后来怎么也连接不上去，系统显示"服务器不存在，适配器要更换"。试了多次无效后，郝燕只好打电话询问电信局。原来电信局准备给上网方式升级，掐断了线。刚才他们打电话来通知这事，恰巧儿子正生气，接了电话一听是找他爸爸的，就一句话没说，生气地挂断了。到了下午他们升级上网方式完毕后，一切恢复正常了。

晚上，又看到儿子屏幕前的笑脸。郝燕趁机说："航航，遇到事情时不能急，光急着没有用的，要想办法坐下来好好商量，想办法解决。如果妈妈中午不打电话问这个问那个，可能现在也上不了网呢，对吧？"

生活中，孩子对某些人和事之所以会产生情绪，就是因为孩子多是出于自己的感受去考虑事情。因此，家长要善于引导孩子用互换角色法去思考问题，体谅别人的感受，并修正自己的情绪。

# 引导孩子学会自己解决问题步步走

## 需要**换位思考**的不仅仅是孩子

所谓换位思考，是指家长与孩子之间，出现误会或意见分歧产生矛盾时，其中一方换个角度站在另一方的立场来思考问题。这是消除隔阂、建立良好亲子关系的第一步。

可是说起来容易，我们的好多家长实际上不是这样做的，家长朋友们，我们在处理孩子的问题前，思考过下面的问题吗？

我的说话方式能让孩子接受吗？我们可以回忆一下我们自己小的时候不接受父母的批评方式时的感受。

我的期望是否是孩子想要的？孩子的需求是什么？当孩子做错事的时候需要的是大人的理解和帮助，此时如果我们用大人的眼光看待孩子，甚至打骂孩子，就会严重挫伤孩子的自信心，不敢为成功想办法了，只会为自己的失败寻找更多的理由。

我批评孩子的时候，孩子的心里是什么感受？孩子在挨批评的时候肯定是不好受的，他会感到孤独、无助。我们做家长的要学会批评的艺术，否则孩子在反感的时候，不但批评不会收效，原来家长的表扬也被孩子理解为言不由衷的虚情假意了。错事本身与孩子的"好坏"无关，孩子会知道自己做了一件不好的事，并不意味着自己是个坏孩子，只要把事情做好了，我们还是要给予鼓励的。

我不停地叨唠孩子的时候，孩子的反应是什么？这样会导致孩子的反感，孩子常常口服心不服。一件事，一句话，角色不同，接受者的感觉态度是截然不同的，甚至于完全相反。所以，处理孩子问题的时候，家长要控制住自己的情绪，调整交流方式，让孩子感到你的诚意、认同你友好和善的态度是解决矛盾的基础。

● 第三步：控制好情绪奠定成功

# 发泄，疏通比截流更为重要

宣泄，就是舒散、吐露心中的积郁，让孩子痛快地吐露自己的委屈、忧愁等不快，使其达到心理平衡。适度地让孩子宣泄，对他们的生理和心理都有益处。如果孩子心中的积郁和不快长期得不到宣泄，就会引发各种不良反应，严重时会给孩子个人和家庭带来危害。

据一位妈妈反映，她的孩子染上一种"怪癖"：虐待家中的小动物，不是把小狗的腿打断了，就是把小猫的毛烧着了。她非常担心孩子长大后性格会变得凶残，可就是不知该如何办才好。

儿童心理学专家认为：儿童虐待小动物的行为实际是孩子心理障碍的行为表现，在很大程度上是孩子发泄心中郁闷、缓解紧张情绪的一种方式。

人具有攻击和破坏的本能，当他遭遇心理压力和挫折境遇时，就可能重新激发他的侵犯动机，表现出攻击性。当一个人出于某种原因而不能对侵犯者还击时，往往会找一个替罪羊发泄一通。

因此，作为父母，最好每天抽出几分钟时间与孩子交心，增进感情。只有让孩子把你既当父母，又当朋友，孩子才会向你吐露真情，吐露不快。在和孩子交心时，父母要注意两点：一是要专心，在这期间内不要看电视或是报纸，最好保持彼此间相对而谈；二是父母要经常抚摸孩子、亲亲孩子，让孩子能实实在在地感受到父母的关爱。

# 引导孩子学会自己解决问题步步走

## 帮助孩子成为自己情绪的主人

### 1. 设个"出气角落"

孩子和成人一样，有脾气、发脾气都是正常的。父母可以在家里设定一个专门区域，作为全家人发泄情绪的场所。父母与孩子共同约定，无论当时心里有多不痛快，都不能随意发作，也不能迁怒别人。深吸几口气，把气愤、难过等感情压抑下来，立刻参与到其他活动、游戏中去。

### 2. 打个秘密暗号

孩子最喜欢秘密，也最珍惜秘密。父母中的一方可以与他设定一些"你知我知天知地知"的暗号，比如眨左眼表示"干得不错"，眨右眼表示"继续努力"，右手小指相碰表示"停下来，想一想"，竖大拇指表示"你是我的骄傲"等。平时可以适当使用这些暗号，形成相互间无言的默契。当孩子拿到五角星，父母眨一下左眼，他会比听到口头表扬更加兴奋和喜悦；当孩子学会跳绳，父母眨一下右眼，孩子将备受鼓舞，更加勤于练习。当然孩子也会时不时摆出几个动作，看父母是否心领神会，父母必须要反应敏捷才行。

### 3. 来个"亦褒亦贬"

"亦褒亦贬"的批评方式能够满足孩子与日俱增的自尊心，提升他的自我期望，引导他适度控制自己的不良情绪，不失为提升孩子控制情绪的一大妙招。

虽然你很聪明，但是你太调皮了。

### 4. 做个平衡补偿

孩子做游戏输了，他当然会郁闷、不开心。但是如果每次父母都能给他一个深深的拥抱，并且告诉他"你是最棒的"，孩子就能逐渐克服消极的内心感受，坦然而从容地投入到下一个游戏中。这就是情绪的相互补偿起了作用，将有力的积极情绪与较弱的消极情绪配对，缓冲消极情绪发作的强度，达到一定程度的心理平衡。

教孩子学会 屁股自己"擦"

● 第三步：控制好情绪奠定成功

# 忽视他，不教育也是一种教育

生活中，有些家长从来不敢"忽视"孩子，多数家长都是孩子的"侍卫"和"保镖"。他们给予孩子无微不至的照顾，生怕孩子出现什么意外，孩子写作业时，家长大气不敢出，有的人甚至不开灯，不看电视，家里漆黑一片，鸦雀无声……

曾经看到过这样一个故事。一位中国母亲跟一位从澳大利亚回国的好友吃饭，这位好友有一对可爱的儿女，儿子6岁，女儿3岁。正当大人聊得投入的时候，小女孩突然尖叫起来，原来，两个孩子正在抢一根套筷子的塑料套。妹妹力小单薄，当然抢不过哥哥了，所以她急得尖叫起来。

那位朋友就像没有听见一样，继续跟我们聊着，后来这位中国母亲忍不住问朋友："你怎么不管管你的儿子，哥哥应该让着妹妹呀？"没想到，好友却说："为什么要让大的让着小的？哥哥先玩的，妹妹本来就不应该去抢，她没抢过，以后就会知道凭自己的能力，什么该做什么不该做了。"中国母亲恍然大悟，原来朋友在悄无声息地教育孩子，让他们在"争夺"中了解自己的能力，懂得"量力而行"。

"故意忽视"是一种有效的教育孩子的方法，可以避免家长在无意中所给予的注意，而加重了孩子的印象，间接地助长了孩子的不良行为。尤其在孩子愤怒、发脾气的时候，如果孩子是在安全的地方，那么父母可以离开，直到孩子的脾气发完为止。当孩子的不良行为终止时，再给予孩子充分的关注。

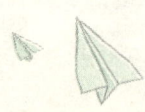

# 不可忽视对孩子进行感恩教育

亲情是立家之本。亲情是家庭成员间血脉相连，代代相传的骨肉情，"父慈子孝"，长辈对晚辈的"慈爱"，可以使其在融融的亲情中快乐健康地成长；晚辈对长辈的"孝敬"可以使其感受无以伦比的欣慰。

讲几个真实的故事：

据报载，沈阳有一位84岁的老人节衣缩食10年，出资数万元，资助了40名贫困学生完成学业，其中10名还上了大学。后来，老人双目失明，卧病在床，无依无靠。而那些受助学生竟然从未给老人写过一封信，更没人登门看望过老人。

被称为"爱心大使"的慈善歌手丛飞，10年来一直捐助贵州、四川、湖南、山东等贫困地区的失学儿童，生前一直供着100多名贫困生读书。为了使这些孩子完成学业，他拼命工作，省吃俭用，还欠下了外债，因为过度劳累病倒了，最终病逝。丛飞病了以后，他捐助过的人无动于衷，得知恩人身患重病，一些已经大学毕业的受资助者，有了不错的工作后，却没有向恩人伸出援手。

一个极度贫穷的家庭，为了给考上大学的儿子交学费，父母轮流卖血。可是儿子进城后为了赶时髦，挥霍了父母的卖血钱。儿子毕业后，竟一走了之，音信全无，也不管父母的死活。

面对这些事实，我们不禁要问，为什么现在一些人变得这样冷酷无情，他们的良心到哪里去了？我们再来看看当今在校的一些中小学生的表现吧。

在当前中小学生中，常常看到这样的情况：吃过饭后，孩子扭头就去看电视、玩电脑或出去玩，父母在那里忙碌着收拾碗筷，刷锅刷碗；家里有好吃的东西，孩子总是只顾自己吃，很少先让父母吃；孩子一旦生病，父母忙前忙后，百般呵护，而当父母身体不适，孩子却无动于衷，很少问候。

2006年新学期开始，油田某中学在全校内对学生进行了有关调查，全校有80%的学生不知道父母的生日是哪一天；92%的学生没有给父母准备生日礼物；能够每天坚持帮助父母作家务的学生不到10%；主动帮父母做事、做到自己的事自己做的更少。

古语说："滴水之恩，当涌泉相报"。为什么现在的年轻人竟这么冷酷无情没有孝心呢？有社会的原因，有学校的原因，也有家庭的原因，而家庭的原因是主要的。

教孩子学会 屁股自己"擦"

● 第三步：控制好情绪奠定成功

# 做个有心人，及时发现孩子的情绪变化

我们知道，人在精神压抑的时候，如果不寻找发泄机会宣泄情绪，会导致身心受到损害。因此在平时的家庭生活当中，家长要善于引导孩子表达自己的情绪，并把各种形容情绪的词语教给孩子。同时，家长要关注孩子，及时发现孩子的情绪问题。

身为妈妈的丽娜，为我们讲述了他教育孩子的心得体会：

那天晚上，女儿与老公玩得好好的，突然大哭起来，先是说爸爸欺负她。哭着哭着，她突然极伤心地说："为什么我的东西总是做不好？"这样我才慢慢问出来她在幼儿园受挫的事。倘若我不耐心，可能会烦她不讲理，就问不出后来的事情。所以孩子常常会有情绪压抑，如果一段时间孩子突然不想上幼儿园，或容易哭泣、发脾气，作家长的就要细心观察、交流，找到真正的原因。同时也要告诉孩子，有不顺的事要及时表达，或者把不好的情绪通过幽默的方式、运动来宣泄出去。否则，情绪会受到压抑，压抑久了对身体不好。

丽娜接着说：一些小方法可以让我们更加方便快捷地发现孩子情绪上的变化。比如用"心情卡"，父母可以在家里设置一个小区域，利用3种表情来表示孩子的心情，引导孩子每天挂出自己的心情，以便父母及时发现孩子的情绪变化。及时处理孩子的情绪问题，有助于孩子形成良好的心理状态，避免孩子情绪进一步恶化。

## 引导孩子学会自己解决问题步步走

### 孩子有消极情绪怎么办？

每个人都有消极情绪，如气愤、不安、冷漠等都是表达感情的一种方式。但与快乐、激动、兴奋等不同，这些消极情绪会使人感到不舒服，有时甚至很伤父母的心。特别是幼小的孩子当他们出现消极情绪时，往往情绪起伏比较大，而且会对父母发泄。在这个时候，父母可以做的就是：

**1. 给孩子发泄的机会**

最聪明的办法是既要让孩子把消极情绪发泄出来，又要对他们的表达方式作出限制。比如不允许骂人、打人等。

**2. 找出导致孩子情绪消极的原因**

这是处理孩子消极情绪的关键。有的孩子非常霸道，非要别人听从他的意见不可；还有的孩子特别敏感，听不得批评的语言；也有的孩子自卑，对自己缺乏自信，容易产生消极情绪等。

**3. 事后交流**

告诉孩子你的感受，让孩子选择更适当的表达方式。当孩子情绪激动的时候，显然不适宜与他交流，特别是当他缺少自制力时更是如此。但事后应当和孩子讨论分析他的情绪以及表达方式，告诉他：

我也知道你不好受，现在我们来看有什么更好的办法。

如果使用上述几种办法都不能奏效，家长应及时对孩子的过激行为进行限制。比如告诉他："如果你再这么大叫大嚷，不听劝说，我就要惩罚你。"让他感到你坚决的态度，使他逐步学会控制自己的消极情绪。

教孩子学会 屁股自己"擦"

● 第三步：控制好情绪奠定成功

# 一个好方法，让孩子学会自我情绪管理

家长要引导孩子学会自我情绪的管理，学会更多情绪管理的方法。日常生活中，家长可以使用引导性的话语，如："你为什么生气？你想怎么样？"来引导孩子讲出自己的情绪感受，并找到控制和管理自己情绪的方法。

赵老师发现班里的许多小朋友都不会控制自己的情绪，不是冲小伙伴发火，就是动不动就说："你再这样，我就不和你玩了"之类的话，为了能够让班上的学生认识到这点，赵老师特意举行了一个全班的茶话会，买了一些小零食让孩子们吃。同时，让孩子们都排排坐，谈谈自己生气时都做了哪些错事。

然后，让孩子们讨论生气的时候，怎么样让自己恢复平静？当这个问题一出，孩子们就开始七嘴八舌地讨论起来。孩子们的回答让赵老师很是惊喜："生气的时候可以想一些开心的事，想着想着就不生气了""我生气的时候，就去做运动，踢球。""我生气的时候，就把我不开心的事讲给小兔子听，就不生气了！""我生气的时候，就把生气的事画下来。"

在家庭生活中，做父母的也可以参照赵老师的方法，与自己的孩子进行面对面的沟通，从而引导孩子说出自己的情绪，并让孩子讲出自己控制情绪的方法。而且家长也应该相信，有时孩子完全有能力管理好自己的情绪，他们的能力甚至超乎你的想象！

## 引导孩子学会自己解决问题步步走

家长和老师可以从以下几个方面来培养孩子调节情绪的能力：

**调节情绪巧支招**

**积极情绪的培养**

——将儿童的各种活动与积极情绪体现相结合，发展高级情感；

**自我激励能力的培养**

——可以帮助孩子摆脱不良情绪；

**挫折承受能力的培养**

——正确认识挫折，不要惧怕挫折，不要逃避挫折，不要在挫折面前颓废、绝望，不要守着挫折不放；

此外，孩子的人际交往能力的培养也是非常重要的。

● 第四步：教会孩子做事讲究策略

# 目标要明确，动力才充足

做事情有目标才会使人做事有方向，就像人要去一个地方，如果事先没有计划，漫无目的地乱乘车，最后是无法到达终点的。孩子做事情也是如此，如果心中没有想法、毫无计划、盲目地去做，最后什么都做不出来，还会因此而浪费许多时间。

有一位父亲带着三个孩子，到沙漠去猎杀骆驼。

这位父亲和孩子们到达了目的地。父亲首先问老大："孩子，你看到了什么呢？"老大回答："父亲，我看到了猎枪、骆驼，还有一望无际的沙漠"。父亲摇摇头说："不对。"

父亲问老二同样的问题。老二回答："父亲，我看到了爸爸、大哥、弟弟，猎枪、骆驼、还有一望无际的沙漠。"父亲又摇摇头说："不对。"

父亲问老三同样的问题。老三回答："父亲，在我眼里，只有骆驼。"父亲高兴地点点头说："答对了。"

这个故事告诉我们：一个人若想走上成功之路，首先必须有明确的目标。目标一经确立之后，就要心无旁骛，集中全部精力去达到。

此外，明确的目标也是人们做事的动力源泉！一个一心向着自己目标努力前进的人，整个世界都会为他让路。因此，家长引导孩子去解决问题，去做自己的事，首先就必须要帮孩子建立清晰明确、具有可行性的目标，要让孩子明白目标的重要性，并鼓励孩子去为目标而不懈努力！

引导孩子学会自己解决问题步步走

教孩子做事**有目的**
3步走

### 1. 让宝宝懂得计划、目的的重要性

目的能使人做事有方向，告诉宝宝如果心中没有想法，毫无计划、盲目地去做，最后什么都做不出来。

### 2. 告诉宝宝完成计划要循序渐进

告诉宝宝完成计划要循序渐进，切不可操之过急。

开始，家长可帮助宝宝制定计划，但要与宝宝一同商量。起初，宝宝可能不懂计划的概念，次数多了，就会逐渐明白。

等宝宝有了初步的计划意识，就可以逐渐让宝宝自己学着做计划。如去公园玩，有划船、碰碰车、蹦床等项目，可让宝宝自己计划玩什么。如果宝宝的想法是合理可行的，就照宝宝的安排去做；如果不合理，则要给他讲清楚为什么是这样。时间长了，宝宝就能学会统筹安排自己的活动。

### 3. 督促宝宝完成计划并检查结果

由于宝宝的自控力相对较差，家长应定时督促宝宝完成计划，并检查计划完成的质量。如规定"学习专门时间"和"游戏专门时间"，让宝宝在睡前10分钟，对每天的活动进行小结，"今天完成了什么？""今天最有趣的事情是什么？"等，让宝宝养成按计划自觉完成任务的好习惯。

教孩子学会 屁股自己"擦"

● 第四步：教会孩子做事讲究策略

# 引导孩子学会运用和把握时间

对于家长来说，引导孩子解决问题，很重要的一个工作就是要教会孩子如何运用和把握好时间。合理地分配和运用时间，是做好一件事情的基本要素。对此，父母应做好以下工作。

首先，让孩子自己制定时间规则，增强孩子遵守时间的自觉性。父母可以让孩子自己评判自己在执行某件任务中掌握时间的情况。对于年龄小的孩子，可鼓励他用笑脸或哭脸的贴纸来表示执行的情况。对于年龄稍大一些的孩子则可由他自己记录时间，以培养孩子的自主性和自我评判能力。

其次，借助计时器，帮孩子改掉做事拖拉的坏习惯。孩子由于年龄小，自制力较差，做事拖拉。这时，家长切记不要训斥孩子，更不要帮孩子做，否则会剥夺孩子获得成功的机会。你不妨保持一种豁达、宽容的心态，和孩子一起到商店挑选一个喜欢的计时器，然后每次做事前，让孩子自己选定合理的时间去完成。这样会大大调动孩子的积极性，提高孩子做事的效率，在不知不觉中改掉做事拖拉的坏习惯。

可能一开始孩子对时间的长短没有概念，父母不妨先帮他设定时间。第一次设定时，要给孩子留出较多的空余时间，让他能提前完成，以获得成功。然后，让孩子自由支配完成后留出的空余时间，这样他就能体会到抓紧时间的好处。久而久之，孩子自然就不会浪费时间了。

## 引导孩子学会自己解决问题步步走

### 孩子时间观念的培养

孩子任何的好习惯或坏习惯都是在生活中受家庭、学校和社会的环境潜移默化形成的。哪个环境的作用最大要看哪个环境占主导。

就像如何培养孩子良好的时间观念一样，下述讲的方法不仅对婴幼儿有效，对小学生也一样有效。

有些家长在培养孩子时间观念时，往往是拿一张纸列一张表（作息时间表），表格上写得非常清楚：几点起床、几点吃饭、几点看书、几点上学、几点做作业、几点睡觉，每个活动大约耗时多久，等等，可结果却不尽如人意。

"生活中教，潜移默化"8个字可以触类旁通地培养婴幼儿和小学生良好的时间意识与观念（小学低年级的孩子和婴、幼儿会更快见到效果）。培养孩子时间观念你只要在日常生活中多讲"现在几点（具体时间），约花多少时间"就可以了，不用列时间表，也不用老跟孩子强调和压迫他来遵守，只需自然进行即可。每天自己把时间挂在嘴边，随意地说，别管孩子有没有在听，跟上篇文章教孩子数数一样的原理：如早上7点起来了，你看看表说"现在7点，我们起床啦"；吃早饭时你看看表说"刚才我们刷牙洗脸花了15分钟，现在7：20分我们吃早餐"

如此这般，你只要把时间挂在嘴边，经常说几点几点，说的时候孩子有没有认真听都无所谓，牢记8个字"只管耕耘，不问收获"，坚持下来就一定会有效果。有心的家长坚持试试看，3周左右，孩子就会开始问你"妈妈，现在几点了？""现在几点？我们应该干什么了？或妈妈快点，到学校要堵车的话需要40分钟呢，不然迟到了"等与时间有关的话。这就是"潜移默化"的作用，慢慢孩子就会自然而然地建立良好的时间意识与时间观念。

> 7点了，该做什么了？

> 睡觉。

这种时间意识的建立不是基于训练，也不是基于管制，而是基于生活。孩子会在自由中建立生活规则。

教孩子学会 屁股自己"擦"

● 第四步：教会孩子做事讲究策略

# 做事要制订合理的计划

有本杂志上刊登过这么一个故事：

一个商人，在小镇上做了十几年的生意，到后来，他竟然失败了。当一位债主跑来向他要债的时候，这位可怜的商人正在思考他失败的原因。商人问债主："我为什么会失败呢？难道是我对顾客不热情、不客气吗？"债主说："也许事情并没有你想像得那么可怕，你不是还有许多资产吗？你完全可以再从头做起！""什么？再从头做起？"商人有些生气。"是的，你应该把你目前的经营情况列在一张资产负债表上，好好清算一下，然后再从头做起。"债主好意劝道。"你的意思是要我把所有的资产和负债项目详细核算一下，列出一张表格吗？是要把门面、地板、桌椅、橱柜、窗户都重新洗刷、油漆一下，重新开张吗？"商人有些纳闷。"是的，你现在最需要的就是按你的计划去办事。"债主坚定地说道。"事实上，这些事情我早在15年前就想做了，但是一直没有去做。也许你说的是对的。"商人喃喃自语道。后来，他确实按债主的主意去做了，在晚年的时候，他的生意成功了！

从这则故事我们可以看出，做任何事情，都必须要有一个明确的计划。这不仅是一种做事的习惯，更重要的是它反映了一个人做事的态度。

对于孩子来说，做事有计划，同样是非常重要的！因此，作为家长，在培养孩子独立解决问题的过程中，一定要教会孩子如何制定合理的做事计划。

# 引导孩子学会自己解决问题步步走

## 学习目标制定的过程

人的一生需要不断地为自己设定目标，否则在成长中就会如同没有帆的船，毫无目标地飘来飘去，最终连自己也不知道要飘到哪里，这样的人生将没有任何意义。

对于学生来讲，确立学习目标是取得好成绩的关键一环。有了目标，努力便有了方向，学习就有了奔头，每天所学所做就有了尺度来衡量。因为要朝着这个目标努力，精力必须要集中，所以一切与目标无关的事情都可以不做或放缓，等目标实现了再做。

父母帮助孩子设立学习目标时要掌握一些原则，开始的时候也不妨使用一些小技巧，让孩子认可目标，并愿意为之努力，这是很重要的。在目标的设定中要分析孩子的优势和不足，找出实现目标的根据，把设定目标的过程作为和孩子共同讨论如何提升学习成绩的过程，这样定出的目标完成的把握性就大。

目标既要定得切合实际，又要定得稍高一些，要通过努力奋斗才能实现。轻轻松松就能完成的目标，意义不大。正因为是经过努力奋斗实现的目标，才有成功后的喜悦，才是成功的目标。

孩子实现了既定的目标，家长一定要记得及时表扬、鼓励。看不到孩子的进步，孩子已经完成了设定的目标，家长还无动于衷，这样会挫伤他的积极性。特别是那些比较后进的孩子，每一个既定目标的实现都应该是孩子进步的里程碑，都值得庆贺，我们做父母的决不可以视而不见。

父母要督促和帮助孩子树立正确的、切实可行的、经过努力能够达到的目标。这个目标可以分成短期、中期和长期目标。既不能高不可攀，又不可以轻而易举达到。短期目标要具体明确，孩子只要尽心去做、勤奋努力就可以达到。达到了目标的成就感无疑使他有了下一步完成中长期目标的信心。长期目标一定要高远，要有一个美好的前景。

教孩子学会 屁股自己"擦"

● 第四步：教会孩子做事讲究策略

# 家长监督，严格执行计划

美国华盛顿某公司向上海一家工厂订购一万辆儿童学步车，双方商定的交货日期是8月7日。上海这边的工厂必须在7月7日之前把货物运出码头，才能保证8月7日按合同规定交付货物。但是，由于生产中机器出现故障而延误了进度，这家工厂没能在7月7日制造出一万辆儿童学步车。

此时，作为生产商的老板陷入困境，合同条款上明明白白写着交货的日期，对此，他找不到任何借口来向客户解释，哪怕的确存在客观原因。结果这位老板把货物分两批次运走，一批走水路，赶工期做出来的因为时间太过仓促就花巨资租用飞机送货，最终货物如期交付，为此这家工厂老板也稍有经济损失，但在他的眼里，合同就是承诺，说到就要做到。

所谓言必信，行必果。孩子既然列出一份有关于自己的计划，就应该最后落实到实际生活当中去。假如孩子只是列了一份详细的计划书，计划和实际生活没有一点关系，计划再完美也不过是个空壳，甚至都没有必要去列这样的计划。所以孩子的计划书还需要家长的细心监督，帮助孩子严格执行才能帮孩子养成一个把计划落实到位的好习惯，才能最终完成孩子给自己设立的目标。

为了使孩子的计划不落空，家长要对孩子的实践情况做一个定期的检查，可以和孩子一起制定一个计划实施表，每完成一项就打上一个完成的标记。当孩子按计划逐渐实施从而养成习惯后，孩子的执行能力也就越来越强。

引导孩子学会自己解决问题步步走

## 比尔·盖茨限制女儿玩游戏的启示

随着电脑的普及，孩子过分沉迷于电脑游戏已经成为一个世界性问题，从比尔·盖茨限制女儿玩游戏来看，比尔·盖茨这样IT界的领军人物的家庭也不例外。对于孩子来说，玩电脑游戏有利有弊。通过玩电脑游戏，可以从小培养孩子学习电脑的兴趣，可以通过玩游戏使孩子提高电脑文字输入速度，健康向上的电脑游戏还可以陶冶孩子的情操，对孩子具有益智功能。但是，电脑游戏的巨大吸引力，特别是一些低级电脑游戏使许多未成年人包括大学生沉迷其中，耽误了学业，损害了身体。有些孩子为了筹钱玩游戏，走上了偷盗、抢劫、甚至杀人的犯罪道路。孩子们过分迷恋于电脑游戏已经成为一个严重的社会问题，使许多家庭感到头痛和犯难。专家们把电脑游戏称为"电子海洛因"，家长们要求封杀电脑游戏，救救孩子的呼声接二连三。

限制孩子们特别是未成年人过分沉迷于网络和电脑游戏是国家、社会和家庭共同的责任。国家必须加强对于电脑游戏市场的管理，严格取缔和坚决打击有害、有毒、有损民族尊严的电脑游戏，严格限制商业性公共网络（网吧）违反规定接受未成年人，必须规定和严格执行学校周边一定范围里不准设立网吧的规定等。全社会都应该自觉保护未成年人不沉迷于网络游戏，特别是商业性网络服务企业要自觉执行国家规定，不能为了自身利益而毒害青少年，要像爱护自己的孩子一样保护好广大青少年。家庭必须对孩子进行严格管理，像比尔·盖茨一样对孩子玩电脑游戏进行必要的限制。比尔·盖茨说"在孩子成长至某个年龄之前，家长们应该知道孩子在互联网上看到些什么内容，以便能同孩子讨论。"既不能一概不让孩子接触电脑游戏，又不能对孩子玩电脑游戏放任自流。管理孩子的底线是，不让孩子沉迷于网络和网络游戏。

比尔·盖茨在对孩子玩电脑游戏的"度"把握得很好，值得许多家长借鉴。从另一个角度看，连比尔·盖茨都担心孩子过分沉迷电脑游戏，都要对孩子进行限制，那么，我们一般家庭就更应该如此了。

教孩子学会 屁股自己"擦"

● 第四步：教会孩子做事讲究策略

# 教孩子分清轻重急缓

生活中，每个人都在做事，但有的人能把事情做好，有的人则做不好，原因有很多，其中有一个重要的原因，就是分清做事的轻重缓急。

兄弟俩打猎，一只野兔跑过来。"我能射中，我要把它烤着吃。"哥哥拉开弓瞄准说。"鸭子烤着好吃，但野兔还是煮着吃更有味道。"弟弟说。"烤的好吃！""煮的好吃！"两人争论不休，于是到另一个人那里去评理。

那个人告诉他，把野兔分成两半，一半煮、一半烤。兄弟俩觉得有道理，就回去找那只野兔。但野兔早就跑得没有踪影了……

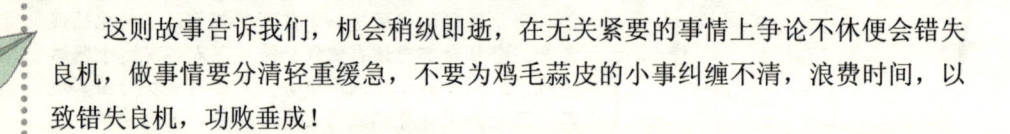

这则故事告诉我们，机会稍纵即逝，在无关紧要的事情上争论不休便会错失良机，做事情要分清轻重缓急，不要为鸡毛蒜皮的小事纠缠不清，浪费时间，以致错失良机，功败垂成！

生活中，当孩子做事情手忙脚乱时，父母就要好好找一下原因，通常都是由于孩子没有把事情的顺序安排好。

孩子在开始独立解决问题的时候，时常会出现搞不定事情的情况，这时，作为父母，就必须引导孩子做出判断——将复杂的事情分类，归纳出紧急的程度，归纳出来之后再一一解决，多试几次，孩子就能轻松面对各种或急或缓的事情。

当代管理学之父彼得·杜拉克说过："必须分清轻重缓急。最糟糕的是什么事都做，但都只做一点儿，这必将一事无成！"

# 引导孩子学会自己解决问题步步走

## 培养孩子做事有条理

处于3～6岁年龄阶段的孩子，心理过程的随意性很强，自我控制能力较差，常常一件事没做完又想着做另一件事，显得做事杂乱无章，缺乏条理。孩子应养成做事有条有理的好习惯，这种习惯的养成与父母的教育是息息相关的。

建立合理的作息制度。有规律的生活是培养孩子做事有条理的重要前提。父母应根据孩子的年龄特点和家庭条件，把每天起床、睡觉、做游戏、看动画片、学习及家务劳动的时间都固定下来。教孩子做事时，一定要交代清楚什么时间去做什么事情，怎样才能做好这件事，应注意些什么问题。做到要求明确，检查及时。

培养孩子做事有条理的习惯。父母应该随时留心观察孩子，看看他做事是否有秩序，是否知道先做什么，然后再做什么。通过观察，如果发现孩子这方面能力差，应立即给他指出来，并告诉他无论做什么事都要按步骤完成，做完一件事再做另一件事。如果有许多事情要做，必须先安排好顺序。如星期天，父母给孩子提出哪几件事是必须要做的，然后让孩子自己安排，可以让他用画将要做的事及先后顺序表示出来。一次次地强化，久而久之就会养成做事有条理的习惯。

父母要以身作则。俗话说：喊破嗓子，不如做出样子。父母要言传身教，以身作则，做任何事情都要表现出一种强烈的责任感，以认真负责的态度影响孩子，如在家做事时主动勤快，有条理，脏衣服不乱塞乱放，换下来就洗，上班前总是将房间收拾整齐等，为孩子树立良好的榜样。

培养孩子做事有条理是一个漫长的过程，只要父母坚持要求，反复强化，不断激励并加以督促引导，就能使孩子养成做事有条理的好习惯。

129

- 第四步：教会孩子做事讲究策略

# 集中精力做好每一件事

当一个人只专注于做一件事的时候，他会发现取得的效果比同时做两件事要好。一个人只有在集中精力的时候，才能真正学到东西。集中精力具有强大的威力，而心理学研究也得到这样的结论：专心致志可以忘掉自我、忘掉疲劳，增加时间的持续性，提高效率。

20世纪初，我国的天才棋手吴清源先生横扫日本。其中有一盘著名的棋局，就是吴清源先生和日本木谷实十番棋中的"呕血之局"。当时吴先生和木谷先生杀得难解难分，两个人完全沉浸在棋局的计算中。由于局势过于复杂，两个人的体力、精力消耗过大，忽然木谷先生大口吐血，他的朋友们冲入赛场，将木谷先生抬了出去。

而在整个过程中，吴先生一动未动。过后有记者指责吴先生：你是否过于冷酷？吴先生答道："当时完全沉浸在棋局里，对所发生的事情视无不见，一无所知。"

从吴清源先生对弈的故事中，我们可以明白一个道理——专注力是做好每一件事的必要保证。

因此，在培养孩子解决问题的过程中，家长应有意识地培养孩子的专注力，引导孩子去用心做每一件事。培养孩子专注力的方法有很多，但具体实施方法也不尽相同。家长可根据孩子专注力发展的特点，采取适当的方法，有计划、有目的地训练和培养孩子的专注力。

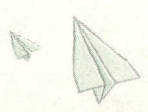

引导孩子学会自己解决问题步步走

## 让孩子集中精神，不难办！

很多孩子都很难做到集中精神去做一件事，他们的种种变化会引起多动、注意力不集中等等。要想让孩子集中精力去做好一件事，家长需做好以下一些事情。

首先，根据孩子的年龄特点提出专注力的要求。一般来说，不同年龄阶段的孩子专注力是不一样的，越小的孩子集中注意力的时间越短。4到5岁的孩子能够集中12到14分钟；5到10岁的孩子能够集中20分钟；10到12岁的孩子能够集中25分钟；13岁以上的孩子能够集中半个小时以上，所以在培养孩子的专注力的时候要根据年龄阶段的专注力特点设计。

其次，训练孩子在规定的时间内专心做好一件事情，比如学习。在孩子学习的过程中规定一个固定的时间段让孩子自己独立完成，不能边学边玩，避免丢三落四的习惯。只有保证专心做一件事情，才能在专注中保证学习质量。

第三，在游戏中训练孩子的专注力。实验证明，孩子的注意力在游戏中有较强的稳定性。游戏能够引发孩子的兴趣，在娱乐中培养孩子专注力具有潜移默化的效果。比如，在学习字母的时候，家长可以故意藏起一些字母，让孩子去找丢失的字母，让孩子在寻找的过程中集中注意力。

第四，专注力的培养与兴趣相结合。兴趣是最好的老师，孩子感兴趣的东西总是容易集中精力去钻研，所以培养孩子稳定的兴趣可以训练孩子拥有持久的注意力。比如，孩子天性对周围的事物是非常感兴趣的，因此，在带孩子外出时，边看边问边答，除可使孩子增加常识外，也可借此扩大孩子对事物的注意范围并增强观察力。

第五，家长需要多鼓励孩子，多让孩子做一些指示清晰及要求明确的事。所做的事须符合孩子的能力，孩子完成任务后，您赞赏他的努力，譬如给他一个拥抱或欣赏的微笑，不足的地方，要耐心示范并鼓励孩子重做。

教孩子学会 屁股自己 "擦"

● 第四步：教会孩子做事讲究策略

# 凡事要灵活变通

生活中，人们做任何事，都忌直来直去，不懂得灵活变通。

孔子，是我国春秋战国时期伟大的思想家，因在鲁国得不到重用，在54岁时带着弟子们游说列国。他们到过宋、卫、陈、蔡、齐、曹、郑、浦、叶、楚等国家。在过匡国时被匡人拘禁五日；过郑时，被人形容为"累累若丧家之狗"。他一生奔波，始终不被君王们重用。于是孔子叹息道："尚有用我者，期月而已，三年有成。""如有用我者，吾其如东周乎！"经过了14年的周游生涯，68岁的孔子回到了鲁国。临死之际他歌曰："泰山坏乎！梁柱摧乎！哲人萎乎！"因而涕下……

孔子可以说是古之大才，但为什么一生四处碰壁，屡屡不被重用呢？关键就是他忽视了春秋时期社会的客观环境，他"明知不可为而为之"，他的"仁礼"之类的政治学说对于治世没有什么重要的作用。当时，各诸侯希望的是一种能使国家迅速强大、足以称霸天下的法术思想，而孔子的这种思想恰与君王们的想法背道而驰，所以孔子屡屡碰壁。

《易经》有云："穷则变，变则通，通则久。"一个人在社会中、在事业上要取得成就、有一定的贡献，就不能有"明知不可为而为之"的顽固思想。同样，孩子在学习和生活中也常会犯这样的错误，他们时常把父母和老师的话当成公理，不知灵活变通，拿来就用，结果导致错误连连。

## 引导孩子学会自己解决问题步步走

### 改变孩子程序一样的思路

无论是生活还是学习，家长们应该让孩子在遇到困难时学会灵活变通，避开直线思考的方式。

1010111111100001
0001000100011101
0100100100010101
1010101110111110

所谓直线思考是指一个人在考虑和解决问题的时候，只懂得沿袭固有的事物发展的直线性来办事，对着认定的目标直扑过去。这种思考习惯对于简单的问题能快速简捷地解决，但是，却缺少回旋的余地，忽视了其他的解决方法。因此，家长在教育孩子解决问题时，一定要多动脑筋，如果用直线思考的方式不能得出满意的答案，不妨让其试着曲线救国。

父母在教育孩子时，应该先让孩子仔细考察所面临的事物或问题的复杂性，然后决定是直线前进还是曲线绕行。对于简单的问题，可以告诉孩子直接去寻求答案，对于复杂，并且明显不可能一蹴而就的事情，家长要帮助孩子寻找更适合的方法，不能迫不及待地直扑结果。

教育孩子凡事要试着从不同的角度去想。从固有的思维习惯出发，想用一般的办法来找出解决问题的答案而又事与愿违时，就需要改变方向，从另一个方向入手，从完全不同的方向来思考问题。

锻炼孩子的发散思维。

发散思维是大脑在思考时呈现的一种扩散状态的思维模式，它表现为思维视野广阔，思维呈现出多维发散状，不死守陈旧的观念，知道转变思路，从多个角度看问题，用创新的观念破除潜意识的误导，不被已知的事物限制自己的思维和进步。

● 第四步：教会孩子做事讲究策略

# 做事要慎重而为

生活中有些孩子时常好心办了"坏事"——

一天，浠浠想帮妈妈打扫一下家里的卫生，结果一不小心把家里的花瓶打碎了。妈妈回到家里，第一眼看到的就是破碎的花瓶，却没有仔细观察一下家里整齐的环境，不分青红皂白就把浠浠批了一顿。这件事情发生以后，浠浠就很少主动"干活"了……

浠浠想帮妈妈做家务的好心无端受冷落，原因就是妈妈没有看清楚当时的状况。假如浠浠的妈妈多仔细看一眼屋里的情况，怎么还会舍得去责怪浠浠呢？

类似浠浠的故事在生活当中屡有发生，作为父母，当遇到这种情况，一定要先弄清楚事情的真相再下结论。作为家长，最好的解决方法莫过于对孩子这样说："你能打扫家里卫生很好，但是架子上的花瓶太高，下一次要踩着凳子去拿，这样不会摔伤自己，也不会摔碎花瓶。"如此，孩子的心情自然就会放轻松，不会产生什么思想负担。

这样，孩子不仅会在以后的家务中更积极地表现自己，还会更加用心地去做！由此扩展到生活、学习的更多方面，孩子遇到事情，都会通过思考去解决事情，把事情办得更妥当。在这样的教育方式下成长的孩子，以后遇到事情的时候，自然就会多了一份慎重，他会提前想到一些事情，并提前修正自己的一些做法，最终逐渐提高解决事情的能力。

# 引导孩子学会自己解决问题步步走

## 孩子的委屈，别讲道理

孩子在学校受了委屈，家长该如何做？首要的是让孩子把委屈说出来。许多孩子在学校受了委屈，由于年龄小，不会表达或者不敢表达，倾向于不说，或者是想说又不知道怎么说，这就可能对孩子造成长期的心理压力。

这时候，家长如果粗心，忽略孩子的情绪，这种委屈很可能会造成孩子的心理创伤，对孩子以后健康人格的形成造成影响。所以，家长需要倾听孩子的委屈，引导孩子表达出来。

另外，家长不要用讲道理压抑孩子的情绪。家长在与孩子沟通的过程中，很容易犯"讲道理"的错误，其实那些道理对孩子的表达有压制作用，孩子会觉得自己本来应该那样做，而不应该这样做，于是更加觉得自己错了。其实如果换位思考一下，成人遇到这样的事也难免处理不好，也可能犯不应该犯的错误。孩子还小，即使做得不好，做的不应该，也是情理之中的。

家长不要把成人的要求强加于孩子，更要少讲"你本来应该那样做"或者"你以后应该那样做"。所以，当孩子受委屈时，家长要引导孩子将不快宣泄出来，只要孩子的言行不是太过分，家长、老师应该接受、允许孩子适度地哭闹。然后设法使孩子的情绪在爆发后能够渐渐平复下来。但是，安抚孩子不应该是无条件地顺从孩子。如果毫无原则地一味迁就孩子，就不能真正解决孩子的问题。

教孩子学会 屁股自己"擦"

● 第四步：教会孩子做事讲究策略

# 不断总结，不断尝试新的方法

当孩子列好计划并不断实施且取得一定成果的时候，还需要不断总结不断尝试新的方法，才能更快走向成功。而作为锻炼孩子思维能力的一个重要方面，唯有掌握它，才能够对事情有一个明白的梳理，明白其中的成功与不足，分析出其中的原因，从而确定下一步的方向。如果缺乏这种能力，会使孩子对于自身的得失缺乏理性的看待，造成重复失败，使学习陷入盲目与被动的境地。所以，家长要在日常生活中注意多督促孩子，进行总结，鼓励孩子不断采用新的方法，为完成计划加速。

对此，家长应首先引导孩子树立总结的意识，每隔一段时间就和孩子一起回顾一下，总结学习经验，也让孩子对自己有一个客观全面的了解，这时，家长最重要就是做到心平气和，特别是孩子成绩有所下降的时候，更要控制好自己的情绪，不要对孩子乱发火，否则会出现孩子恐惧或抵触的心理，对学习有弊而无利。

当家长的配合使孩子有一个轻松的心态，孩子大脑里就会冒出很多新鲜的想法，才会有不断尝试的想法。当然，孩子这些想法也会存在这样或是那样的问题，只是有些孩子问题少些，有些孩子问题多些。

只要家长能以轻松的心态看待孩子所犯的问题，帮助孩子理智分析这些问题，孩子就能够无所顾忌去总结自己的得失，重新尝试更加新鲜而成熟的做法，一步一步完成目标。

# 培养孩子做事有始有终

目前，许多孩子都存在做事有始无终的问题。要解决这一问题，应从以下几个方面考虑：

## 1. 做孩子的表率

父母是孩子的第一任教师，也是终生连任的教师，孩子每天都在用最精细的眼神观察着父母的一言一行、一举一动，他们模仿着、学习着，往往在你还没有觉察的时候，你的言行举止已经给孩子留下了深刻的印象。有句俗话："上梁不正下梁歪"。如果想让孩子从小养成良好的做事习惯，那么"上梁必须正"，必须以身作则，做孩子的表率。

## 2. 从严要求

坏的习惯，不严格要求不能矫正；好的行为，不严格要求难以形成。有的家长兴致所至，要求孩子完成某件事情，起初能坚持督促孩子去做，日后，当孩子不肯做时又轻率迁就，这些做法都不可取。

## 3. 坚持鼓励为主

如果孩子做事中途退缩，成人切忌唠叨个没完，或者张口就骂，动手就打，更不要讽刺、挖苦，这样做很容易使孩子产生逆反心理，以致伤害其自尊心。正确的做法是细心观察，对于他们遇到的困难及时予以帮助，对于他们的点滴进步要及时予以鼓励、表扬，使他们产生愉悦感和自信心，从而使孩子树立坚持完成任务的决心。

## 4. 应重视对孩子自制力的培养

自制力就是能够控制自己、支配自己行动的能力。它表现为既善于促使自己去完成各项任务，又善于控制自己的行为。孩子由于年龄小，注意力不集中、自控能力较差，做事往往有头无尾，所以，应从孩子生活习惯方面入手，先提出小的要求，让其通过不大的努力就能完成任务，久而久之，就会逐步地学会控制、约束自己的行为，去完整地做好每一件事情。

## 5. 让孩子负一点责任

孩子做事往往是凭兴趣，不爱干的事情常常半途而废。针对这些情况，成人应故意把一些事情郑重地作为一个任务交给他，比如，家里喂养了小动物，要求孩子给它们喂食、让孩子去取牛奶等。孩子觉得自己有了一定的责任，也就增加了克服各种困难的勇气，通过自己的努力把事情做好，也就逐渐养成了做事有始有终的习惯。

教孩子学会 屁股自己"擦"

● 第五步：逐步让孩子自己面对困难

# 从"拐棍"到"向导"
# 父母角色的转换

　　孩子独立的表现就是自己的事情自己做，而这种独立的特权唯有家长放手让孩子去做，孩子才会具有这种能力。例如，孩子才开始学习吃饭时，如果家长怕孩子吃饭把衣服弄脏而不让孩子自己去吃饭，那么孩子吃饭的能力将永远得不到锻炼。做其他事情也是一样，家长总是一味把所有事情都包办，让孩子依赖成性，什么也不去做，时间一长也就形成孩子懒惰的习惯。

　　当然，孩子会因为年龄小，有一些事情做不好，的确需要家长的扶持和指点，但家长也不能因此事事都想着为孩子代劳，当孩子的"拐棍"伴孩子前行，要知道，任何一个家长都不可能保证一辈子给孩子保护。

　　其实，孩子在很多时候，对于很多事情都有自己动手的欲望和能力，但现实中，这些欲望和能力被家长长期忽视和剥夺——往往孩子刚产生动手的兴趣，就被家长们漫不经心的话语击得"粉身碎骨"，家长常常会怀疑孩子的能力，认为孩子这不会做，那做不好。长此以往，孩子的独立欲望和独立能力被扼杀在萌芽之中，孩子的独立又从何谈起？

　　因此，一个明智的家长，一定要懂得放手的重要性。在培养孩子独立性的过程中，做好孩子的"向导"而不是"拐棍"，放手让孩子去做自己应该做的事情，而孩子就会逐渐在独立做事的过程锻炼自己。

## 引导孩子学会自己解决问题步步走

凡事喜欢说"我能"、"我要自己来",喜欢自己去尝试、体验的时候,家长要珍视孩子的这种独立愿望,鼓励和引导孩子做些力所能及的事。

### 我能,所以我独立

回到我们的画面——很多父母都没有给予孩子们机会,去尝试做他们自己能够做的那些事情。比如,对三、四岁的孩子来说,父母仍然帮他们穿袜子,他们洗完澡父母帮他们把身上擦干,还帮他们铺床叠被。毕竟照顾孩子的生活起居已经成为父母的习惯。而且,如果让孩子们自己做事,那将又慢又乱,甚至当孩子失败的时候,小家伙没准还会大发脾气,把所有东西都弄得一团糟。

然而,事实上三四岁孩子的能力已经远远超过父母所认为的程度,他们正在处于自我意识的发育阶段,而且已经准备好去探索整个世界了。如果你让你的孩子自己动手做一些事情,他就能够慢慢长成一个有责任感、与人友好合作的孩子。

但是,如果你坚持自己帮助孩子做每一件事情,他就会养成等着别人来做的习惯。当你的孩子渐渐长大之后,忽然有一天你让他自己把衣服穿上或者把地上扔的玩具拣起来,他就会感到你是在惩罚他。所以,你现在就要教导他自己的事情自己做,告诉他是家里的一个好帮手。如果家长给孩子更多的自己动手把事情做好的机会,孩子就能自己动手做他力所能及的事情,孩子就能够变得有创造力,能够独立解决问题。

教孩子学会 屁股自己"擦"

● 第五步：逐步让孩子自己面对困难

# 父母切勿把自己的意识强加给孩子

　　每个孩子都有其独立思考问题的能力，而只有拥有这样的能力，才会在同龄的孩子中显示出与众不同的魅力。几乎每一个家长都希望自己的孩子具备这样的能力以适应未来社会的要求，但这些家长在希望的同时还会有一个前提，那就是只有在孩子可以独立做出某件在家长看来是很好的决定的时候，家长才能放心让孩子独立思考。

　　没有哪一个孩子天生下来就什么都会做，什么事情都做的让家长百分百满意，不管什么事情孩子总是在一遍又一遍搞砸之后，才逐渐总结出自己的一套经验。很多家庭的孩子，在出门前要穿什么是家长做主，仿佛孩子所选的东西总不能合乎家长的心意。

　　但家长可曾想过，衣服是穿在孩子的身上，孩子觉得舒服那就舒服，孩子觉得好看那就好看，说到底这件事情的本质就是孩子自己的事情，假如家长好心帮助孩子去做一些决定的话，那么也请家长尊重孩子的意见，切莫把自己的意愿强加给孩子。

　　通常，这样琐碎的生活小事都不是什么大不了的事情，但其作用却远远大于事情的本身。毕竟这是家长与孩子之间协商事情的一个过程，作为平等一方的孩子有权利表达自己的意愿，只有让孩子表达自己的意愿，才能让孩子感觉自己应有的价值。所以家长要懂得对孩子放手，懂得让孩子去行使自己的决定权。

## 引导孩子学会自己解决问题步步走

### 让孩子自己选择自己的生活

在孩子的生活中，不需要承担任何义务，吃什么、什么时候吃；穿什么、穿几件；上学有人送，放学有人接……全由父母安排得妥妥当当的，孩子只是被动地接受。有的父母对孩子从小就有一种按自己的人生理想、价值观念和行为方式塑造的倾向，而不考虑孩子自己的喜好、兴趣，对孩子像捏泥人似的强行塑造。有的父母不懂孩子的心理特点，不能进入孩子的心理世界，武断地用自己的思维方式代替孩子的思维方式。

当孩子对父母的包办和安排不满意或有抵触情绪时，父母总是说："我们不会害你的，我们比你懂，你按我说的做，准没错。"就这样，在爱的光环下，孩子犹如父母的木偶，选择权被无情地剥夺了。同时，也失去了独立思考和承担责任的机会，久而久之，在这样的环境下生活的孩子，当被问到自己的职业取向时，自然只能回去向父母讨答案，遇到困难时，也只能依靠父母来解决。这样的孩子在未来竞争激烈的社会环境中能否立得住脚，是很让人担心的。

孩子的社会知识和生活经验不足，在自主选择时，出现偏差是难免的。但是，并不能因此就不让他们选择，选择和责任是一对孪生姐妹，人的责任感是在自我选择中形成的，一个人没有选择的权利，只有被选择权，也就不会承担什么责任。因此，多给孩子一些自主选择的权利，让孩子对自己的事做主，是培养孩子责任心的必然选择。同时，在选择过程中，又能培养孩子克服困难、战胜困难的顽强意志，形成遇事冷静、有主见的良好心理素质。

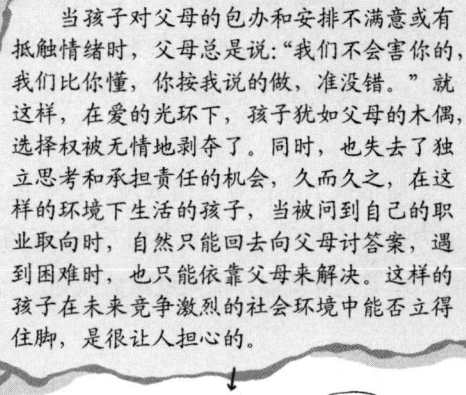

孩子终归要走出父母的视线，开拓比父辈更广阔的发展空间。如果孩子从小没有选择的权利，没有体验选择的滋味，他今后又怎么能选择适合自己的发展道路，迎接各方面的挑战和竞争呢？

教孩子学会 屁股自己"擦"

● 第五步：逐步让孩子自己面对困难

# 畏难情绪，问责父母

当孩子有了畏难情绪，不论是对学习还是对生活，都是不利的事情。因为畏难情绪就意味着自信心不足，而自信心不足则意味着孩子对事情缺乏信心，当孩子在做一件事情缺乏信心时，即使孩子有能力去完成，最终也以失败居多。虽然孩子的畏难情绪不会时时表现在做事的过程中，但偶尔的几次，就足以导致事情的失败。失败必然会打击孩子的自信心，长此以往对孩子非常不利。

通常孩子的畏难情绪表现为，不愿意做某件事情，缺乏主动性；对自己的能力持怀疑态度，缺乏做事情基本的自信心；对本来可以自己做到的事情也会打怵，本着能躲就躲，能藏就藏的原则。

这样的孩子时间一长就会养成依赖的习惯，而造成这一切的元凶常常是家长。原因就是有些家长对孩子的期望值过高，即使孩子做得再好，父母还是不满意，对孩子层层加码，结果压得孩子喘不过气，长此以往孩子就形成畏难现象。还有些家长生怕把孩子给累着，孩子所有的一切家长全都包揽到位，使孩子形成依赖心理，最终也形成孩子的畏难现象。

所以，要想缓解和消除孩子的畏难情绪，家长首先要调整自己的教育方法，积极调动孩子学习和做事情的主动性，加强对孩子意志的培养，重建孩子做事情的自信心，增强孩子做事情的兴趣。遇到事情先从孩子的角度出发，尽量让孩子按着自己的意愿去做，也可以帮着孩子制定一些他能达到的目标来增强孩子的自信心。

## 引导孩子学会自己解决问题步步走

如果在孩子独立性倾向发展的时候，家长没有给他适时的锻炼，错过了这个时机，孩子的依赖性会越来越重，你再想让他自己做，就很困难了。同时，如果生硬地干预或限制孩子的独立行动，常常会遭到孩子的拒绝，伤害他活动的积极性和独立性。那么哪些决定权是孩子自己的呢？

**父母**该把哪些**决定权**交给……

### 对衣服样式、颜色的选择

天气冷的时候可以建议孩子戴上帽子、穿上外套，但对于外套里的衣服，则可以让孩子自己做决定。

### 玩具分享

当孩子不愿将玩具与同伴分享，有争吵行为发生时，别急着介入他们的争执之中，而应让孩子自己去解决。

### 独处的地方

当孩子心情不好或情绪不佳时，有选择独处的自主权，这段时间暂时不要去打扰他。

### 恋物情结

孩子对某种物品（如布娃娃、毛巾等）情有独钟时，无论走到哪都要带着它，一旦没了它，孩子的情绪便焦躁不安。随着年龄的增长，孩子的恋物情结会自然退却，家长不要强求孩子改掉这个习惯。

### 哭的权力

当孩子受到挫折、受伤时，让他尽情地发泄。孩子有哭的权力，此时不要给他任何言语或肢体上的回应，等孩子停止哭泣后，再与他讨论："发生什么事了？为什么哭得这么伤心？"

### 午睡问题

大部分家长（或幼儿园）在午饭后都会安排孩子午睡，如果孩子睡觉时不断想爬起来，不要强迫他继续躺在床上，可以让他呆在房间里，以不干扰别人为原则。

培养孩子是一个长期系统的过程，需要循序渐进地进行。家长不可急于求成，对孩子的发展作出过高的、不合理的要求，也不能因为孩子一时没有达到要求，就横加斥责，这样才能让孩子走入一个良性循环的轨道。

● 第五步：逐步让孩子自己面对困难

# 畏难转化为潜动力

每个人都会遇到对自己丧失信心的时候，暂时的缺乏自信心影响并不是很大，但这样的时间段最好越短越好。生活中，当孩子有了畏难情绪时，家长应该及时帮助孩子去面对所存在的问题，用理智去战胜困难，让孩子把畏难情绪转化为自身的潜动力，伴孩子勇敢前行。

首先，家长可以帮孩子制定力所能及的短期目标，并监督孩子为计划付出实际行动，当孩子用自己的努力换取到了成功，孩子就会不断强化自身的成功体验，而随着这种体验的不断积累，孩子的自我怀疑态度就逐渐转化为自我肯定。此时，孩子性格中的积极方面就会逐渐显露，家长接下来要帮助孩子不断调整自己的状态，让孩子对自己有一个正确全面的认知。

其次，当孩子为一些事情努力而没有成果的时候，家长一定要给予孩子及时的肯定，要给予孩子积极暗示，让孩子从心底放弃错误的判断，让孩子相信自己最终一定会成功，让孩子确信自己一定会成熟和坚强起来。让孩子明白不论遭遇什么样的困难，只要肯想办法去面对，只要能够勇敢地站起来，那么，解决问题的方法永远比困难多。

最后，就是平时的生活中多注意锻炼孩子的毅力，让孩子在不断的锤炼中增强自信心，增强抗挫折能力，让孩子凭借自己的能力插上自信的翅膀，以勇敢的精神和十足的底气，怀揣必胜的信念，理智地迎接每一个考验。

# 引导孩子学会自己解决问题步步走

## 帮孩子建立自信

自信心可使孩子不怕困难，积极尝试，奋力进取，取得更多的知识和经验，争取更好的成绩。作为父母，可以通过各种方式帮助孩子获得更多的自信。

### 1. 真诚赞扬

鼓励、赞扬对增强孩子的自信心是很有益的。但须注意得当、得法。过度地或过于轻易地滥用鼓励和赞扬，会使孩子感到你不真诚、对他的期望过低，或不懂得什么才是真正值得赞扬的。最好是对孩子的行为或进步给予及时、准确的反馈，比如对他说：我看到你已经学会分数的加减了，你的那首诗确实写得不错。这比笼统地说好极了，效果会好得多。

### 2. 激发自主意识

倾听孩子的想法和建议，让孩子自己想办法解决面临的问题，这能使孩子感到自己的智能和潜力。有三个不到四岁的小孩抢一辆小自行车，谁也骑不成。旁边的家长让他们想想看，有什么办法让大家都能骑到。一个小孩想了想说，我们一人骑一会儿，轮流骑。大家采纳了他的建议。这种采纳使他非常高兴，深受鼓励。

### 3. 与人交往中成长

让孩子感到自己有用。除了采纳孩子的建议外，还可引导孩子做对家庭、对别人有益的事，即使只是让孩子种种花草、买买东西。让孩子多与人交往，参加集体活动并积极贡献自己的能力，感受与他人之间的友谊、需要和依赖。

教孩子学会 屁股自己"擦"

● 第五步：逐步让孩子自己面对困难

# 启发孩子挖掘自身的潜力

通常，在宽松自由环境中长大的孩子，常常能最大限度地发挥自己的智慧潜能。每一个孩子的发展都是一个自我构建的过程，如果说孩子在自我发展中必定受到规定的约束，那么成长的另一面就是需要自由来帮助，孩子的潜能也只有通过自由才能得到最大的发挥。

但一想到自由，家长往往就把洪水猛兽和自由挂上了钩，其实只要在规矩之上给孩子建立自由，让孩子顺应相应的轨迹去成长，不仅不会让孩子误入歧途，还能启发孩子去挖掘自身的潜能。

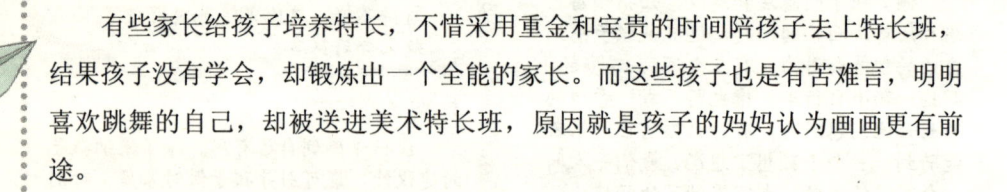

有些家长给孩子培养特长，不惜采用重金和宝贵的时间陪孩子去上特长班，结果孩子没有学会，却锻炼出一个全能的家长。而这些孩子也是有苦难言，明明喜欢跳舞的自己，却被送进美术特长班，原因就是孩子的妈妈认为画画更有前途。

相比之下，那些自由发展的孩子要好很多，他们可以在想画画时在图画纸上涂涂画画；可以在想唱歌时，就打开家里的小音箱，一边唱歌一边跳舞；他们可以在想下象棋时，叫几个会下的同学一起切磋。这样的孩子总是在做着自己感兴趣的事情，直到某天觉得自己的某一项需要提高之时，他们会请求家长给他们报特长班，而那时孩子的进步将是突飞猛进的。

这些从小自由发展的孩子，会通过生活中的点点滴滴找寻自己的爱好所在，他们通过特定的培训加上自身浓厚的兴趣，必定会把自身的条件发挥得更好。

## 引导孩子学会自己解决问题步步走

### 孩子不一样，干嘛拿己之短比人之长？

每个孩子都是不一样的，各有所长，各有所短。因为，孩子特点的形成因素十分复杂，比如，每个孩子的先天遗传基因不同，后天的家庭经济状况、教育环境、社会关系等各方面千差万别，所有这些因素，都会反映到孩子的身上，打上深深的烙印。

可是，许许多多家长忽视了这个事实，总以为别的孩子能行的，我的孩子也能行。千万不可以用同一个标准去要求孩子，给他施加压力。这样做，必然是自讨苦吃，并毁了孩子的自信心。

许多家长往往只盯住自己孩子的短处和缺点，所谓"恨铁不成钢"，而对于他的长处和优点，视而不见。人们常常可以听到孩子的强烈抗议声："我什么优点都没有吗？""为什么老批评我？"应该承认，孩子也有优点，只是家长没有说，或是没有注意发现而已。对孩子的批评，也有冤枉或不恰当的地方，只是很少有家长认账，更少敢于放下架子认错的。

*培养孩子自信心的妙招

多点鼓励。孩子做事之前，家长说："我相信你一定能做到。"孩子成功以后，说："你果然做到了，真了不起。"从孩子学步时起，就注意肯定和鼓励，但要避免不切实际的夸奖。

换个说法。孩子拣起了一块石头，高兴地拿给爸爸看，说："爸爸，你看我拣的石头多漂亮。"爸爸如果说："看你弄得满身是泥。"孩子会不高兴地扔掉石头，垂头丧气地走开。爸爸要是说："这石头真漂亮，你去把它好好洗洗，那就可以看得更清楚了。"孩子探索的积极性可以得到发展。

改变思路。引导孩子把注意力放在追求成功上，而不是先考虑失败了怎么办。发现孩子的优点，帮助他扬己之长，勇敢地去尝试，逐渐习惯于考虑各种达到成功的途径与可能性。

倾听梦想。即使你认为孩子说的是梦想，也耐心倾听，并尽可能帮助他去变为现实。

看到进步不和别人比，多和孩子过去比，让孩子看到自己的进步。

成功的道路千千万，方法要靠你去钻研！赶快行动起来吧，从现在开始改变，不要认为已经晚了，永远不会晚！

教孩子学会 屁股自己"擦"

● 第五步：逐步让孩子自己面对困难

# 在点滴中培养孩子的行动能力

一个人最美好的时光就是孩提时期，最容易接受教育也最具有可塑性的时代也是孩提时期，因此家长应该抓住这个黄金时期，在思想上给予孩子正确的引导，在行动上给予孩子正面的示范。家长对于孩子的教育，应该是潜移默化的，生活中很多不起眼的小事，父母都可以拿来对孩子进行随机教育。

一天，小美去馨仪老师家做客，刚一进门，小美就看见馨仪老师不满三岁的孩子正踮着脚把一把钥匙插入门锁中，原来，他是想要把自己卧室的门打开，但身高也不够，手也没有那么灵活，多次尝试最终也没有成功。

小美正要起身帮助孩子把门打开，却被馨仪老师阻止了。馨仪慢条斯理地说道："不要去打扰他，他自己多试几次，琢磨一下总会把门打开的，这是孩子身边的教育资源，我可不能放过让孩子尝试的机会。"没过多久，孩子终于把门打开并开心的跳了起来，馨仪笑道："宝贝一定会记住锁应该怎么开的！……"

这则故事对于每个家长都是一个启发——不要忽视平时生活中的一些不起眼的小事，它们对于孩子潜移默化的影响是巨大的，家长应该善于运用生活中点滴的机会，有目的地培养孩子的行动能力，以及遇到困难，找出方法解决的能力。要知道，这可比家长的一味说教更能使孩子接受。

# 引导孩子学会自己解决问题步步走

家长在帮助孩子去体验"我能行"时,有些问题需要引起重视。

## 家长让孩子认为"我能行"之 3点建议

### 1. 赞美微小的进步,但要把心思和眼光放在成功上

家长也要和孩子一起学会如何接受和处理失败和成功。家长往往在孩子的成长中,对孩子有很高的期望,不仅期望孩子在学习上成功,对孩子在学校活动中的表现也有很高的期望。并且往往家长会拿其他孩子的成功来训斥自己的孩子,而忽视了孩子通过自己努力取得的哪怕是微小的进步。

### 2. 结果重要,但过程才是成长的经历

对于儿童来说,游戏是他们的天性,也是他们的权利。一场雨后院子里的游戏,一次探索大自然的野营,一次助弱扶贫的志愿者行动……,这些体验可能不会给孩子的高考试卷加分,让他以优异的成绩进入理想的大学校园,却能帮助孩子以一个更独立,更高尚的人走出家庭,进入社会。

### 3. 放开手,让孩子自己来

很多动物用近乎残忍的方法迫使孩子离开它们的庇护,独立地生活,然而我们什么时候可以对自己的孩子放手呢?我给家长的建议是,对于孩子,我们要从小就敢于放手,从小事开始放手。

有些年轻的父母常常跟我讲,他们也希望孩子可以去游戏,去体验,但是害怕孩子在游戏中受伤,或是感染疾病。我们生活的各个角落都存风险,孩子经历一些小的"意外"有利于培养孩子预知和处理风险的能力。有的时候让孩子体验风险,承担自己失误和对风险的不当预期而带来的麻烦和后果,对孩子的成长是难能可贵的。家长可以代替孩子干这干那,但无法代替孩子成长。

教孩子学会 屁股自己"擦"

● 第五步：逐步让孩子自己面对困难

# 深度思考所处困境

　　生活中，很多孩子在面对困难时总会表现得相当胆怯，为此家长也经常忧心忡忡——面对竞争如此残酷的社会，孩子遇上什么事总是犹豫退缩，将来又将如何闯天下？孩子如此胆小怕事，将来能成什么大器？家长的担心在情理之中，但担心并不能解决问题，家长还是应该正确地去引导孩子面对困难和恐惧。

　　其实，有时困难和恐惧并不是什么坏事，它能使孩子更自立，更坚强。在困难和恐惧出现时，家长不妨就把困难和恐惧交给孩子，让孩子自己去认知困难和恐惧。

　　有一点需要注意的是，当孩子遇到困难和恐惧的时候，家长切不可一上来就鼓励孩子应该如何如何地勇敢。家长如此口头上要求孩子不要软弱或是喋喋不休地给孩子强调软弱的害处，无形中无限放大了孩子性格的弱点，让孩子变得更加畏惧。正确的做法可以这样——家长先帮孩子认知这些困难和恐惧，深度思考自己所处的困境，究竟自己为什么会如此畏惧困难和恐惧，在帮孩子找到原因后，家长再鼓励孩子勇敢面对困难和恐惧。

　　譬如说，孩子害怕大狗，家长可以让孩子先从接触小狗开始，给孩子看一些有关狗的动画，让孩子明白狗是一种和善的动物，不会随便乱咬人，如此，孩子对于狗的恐惧就会慢慢消除，慢慢地也就不再怕狗。任何一个人面对陌生世界时总是会有一个慢慢适应的过程，而通常孩子之所以会退缩，大多源于对一些事情的不了解。

## 引导孩子学会自己解决问题步步走

## 孩子需要的三种成长环境

环境具有强大的影响力，它给孩子耳濡目染、潜移默化的力量，环境是立体化的、从头到尾的"三维教材"。就像变色龙在不同的环境中会改变不同的体色一样，孩子在不同的环境中会长成不同的个性。孩子成长需要哪些环境，父母又该如何给孩子建设一个有利成长的环境呢？

### 1. 人际环境——民主、平等、和睦、欢快、恬静

孩子是家庭中平等的一员，父母不要娇宠溺爱，也不要冷落他。一家人要做到互相关爱，分工协作，遇事商量，共同享受生活的乐趣；一家人还要互相赞美良好的行为表现，运用礼貌语言和幽默；一家人可以经常开故事会、朗诵会、运动会，表演各种节目，还可以请亲戚、朋友、小伙伴来家里玩，尽情享受亲情和友情。

### 2. 智慧环境——丰富、整洁、优美、爱阅读、提问、爱操作

父母要给孩子准备好小书桌、小书柜、玩具柜、科学实验器具，再给孩子一个植物园、动物园就更完美了。生活环境要整洁优美，特别是孩子的生活环境要有色彩鲜艳的图案，美丽的风景画，优美的书法作品，"好宝宝表扬栏"更对孩子有积极的鼓励作用。当然别忘记给孩子设立一个锻炼身体的环境，如沙包等。

一家人要经常读书、讨论，一起动手做玩具、小实验，并不断鼓励孩子。对于2岁半以后的孩子，父母可以每天设立20分钟的"静悄悄"时段，各人在自己固定的位置专心做事情，不说一句话，事后评定孩子的表现情况。

### 3. 意志环境——按时起居、规律生活、自我控制

为了帮孩子养成良好的行为习惯，父母可以和孩子一起制定各种作息时间，如早起、早锻炼，制定作息时间表都有利于孩子养成有动、有静的活动习惯。培养孩子按时吃饭、洗漱、睡觉的习惯，逐步做到不催促，不提醒，培养孩子的责任感和坚持力。3岁以后的孩子看什么电视，父母要事先与孩子商量好，以儿童节目为主，在规定的时间内不多看也不少看。3岁以前的孩子每天以10分钟为宜，3岁以后每天20~30分钟为宜。当孩子逐渐长大，还要教给他怎样用钱，怎样节约，怎样存放，鼓励他买书和智力玩具，帮助他人等。

教孩子学会 屁股自己"擦"

● 第五步：逐步让孩子自己面对困难

# 教会孩子乐观面对问题

生活中，当一个人拥有了乐观的态度和精神，那他就会有足够的勇气去面对困难。

母亲带一对孪生小姑娘走进玫瑰园，姐妹俩兴奋极了，跑东跑西欣赏花朵。不久，一个小姑娘跑来对母亲说，妈妈这是个坏地方，因为这里的每朵花都有刺。一会儿，另一个小姑娘跑回来对母亲说，妈妈这是一个好地方，因为每束刺上都开着一朵花。

相同的玫瑰园，一个说坏、一个说好；一个悲观、一个乐观。

心理学研究发现，乐观的孩子与悲观的孩子的重要区别是他们对困难的解释不同。乐观的孩子遇到困难时，能够客观地分析困难，把困难看成是暂时的个别现象，是可以改变的；悲观的孩子遇到困难时，常常认为困难是不能改变的，眼前的困难、挫折会广泛地影响自己的一生。尤其，乐观的孩子在困难中进行自我评价时，常常责怪自己的行为，认为是自己的行为不够好才导致了失败，自己改变行为，就会解决问题；而悲观的孩子常常责怪自己的性格，认为性格是不可改变的，从而否定自我。

孩子的成长过程中不可能不碰到困难，父母需要科学引导，帮助孩子把困难看成是暂时的、个别化的、具有外在或自身内在行为原因的事件，让他们以乐观的心态面对困难，以积极的心态解决问题。这样，每一个困难才能成为孩子增长能力，发展良好个性品质的机会。

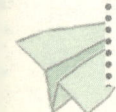

## 引导孩子学会自己解决问题步步走

孩子性格的形成与父母早期的教育有很大关系。想让孩子快乐一生，父母要从孩子小时候开始进行快乐教育。

**如何对孩子做快乐教育**

### 1. 让孩子自己选择
让孩子自由地做一些选择，是培养他形成快乐性格的一个重要因素。当然，父母在大多数事情上不能不做主，但有些事让孩子做决定也无妨。

### 2. 与人和睦相处
与人关系融洽是快乐的一个重要条件。父母可以尽量安排孩子多与别的孩子一起玩。

### 3. 别把孩子宠坏
给孩子太多会令他们误以为追求物质就是快乐之源。

### 4. 培养广泛的兴趣
快乐的人的生活很平衡，因此他们可以从多方面获得快乐。

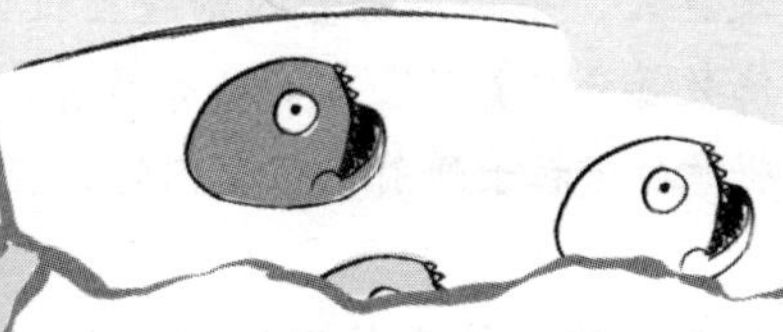

### 5. 教导孩子不屈不挠
做父母的要指出任何困难都会有一线转机，倘若经过努力也没能扭转情况，父母便应帮助孩子寻求办法。教导孩子做些平复他们心情的活动。

### 6. 建立快乐幸福的家
帮助孩子寻找持久快乐的最佳方法之一就是父母自己生活得快乐。

教孩子学会 屁股自己"擦"

● 第五步：逐步让孩子自己面对困难

# 困难面前更要坚持

生活中，我们常能听到一句话："坚持就是胜利！"这句话可以理解为做任何事，不管发生什么困难，只要勇于坚持，就会取得最后的胜利！

两个探险者在茫茫的大戈壁滩上迷路，他们因长时间缺水，嘴唇裂开了一道道的血口，如果继续下去，两个人只能活活渴死！

这时，年长的探险者从同伴手中拿过空水壶，郑重地说：我去找水，你在这里等着我吧！"接着，他又从行囊中拿出一只手枪递给同伴说："这里有6颗子弹，每隔一个小时你就放一枪，这样当我找到水后就不会迷失方向，就可以循着枪声找到你。千万要记住！"看着同伴点了点头，他才信心十足地离去……

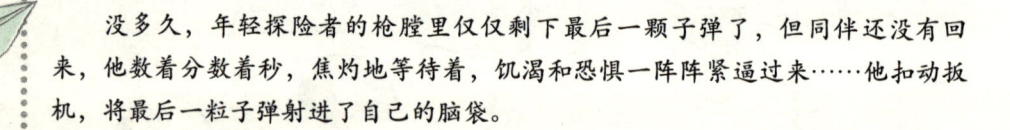

没多久，年轻探险者的枪膛里仅仅剩下最后一颗子弹了，但同伴还没有回来，他数着分数着秒，焦灼地等待着，饥渴和恐惧一阵阵紧逼过来……他扣动扳机，将最后一粒子弹射进了自己的脑袋。

就在他的尸体轰然倒下的时候，同伴带着满满的两大壶水赶到了他的身边……

年纪小的探险者是不幸的，因为他放弃了坚持，同时也就放弃了自己宝贵的生命。生活中，我们在面对困难时也是这样！

作为父母，在培养孩子不怕困难，勇于面对困难的同时，你更应该让孩子明白坚持的重要性，这样，孩子才能在任何困难面前坚定信心，永不放弃，最终取得成功！

# 引导孩子学会自己解决问题步步走

## 学会坚持

### 培养孩子持之以恒的品质

爱因斯坦曾经说过:"天才是1%的天赋加99%的汗水"。"99%的汗水"就是指后天的勤奋,中国也有句俗语"功到自然成",其中的"功到"也包涵了"坚持"的意思。因此,尽管每个孩子的智力因素各有不同,但要想取得学业上的成功,孩子必须要有毅力,苦练基本功,只有坚持不懈地练习,持之以恒,养成良好的学习习惯,才能学习好,坚持就是实现这一目标的重要条件。学会坚持,努力培养孩子持之以恒的品质,更会成为其一生受用不尽的人生财富,所以我们在教育孩子的过程中要更加注重培养孩子这种非智力因素。

从孩子感兴趣的点滴小事上培养孩子寻找可以长期坚持的事情做。

在培养孩子坚持的习惯过程中,一旦孩子有半途而废的想法,家长不要发火,而是要再给孩子机会。培养坚持性本身就需要家长有坚持性,不能急于求成。

培养孩子持之以恒的品质,家长要做好榜样,而且要经常检查和监督。

孩子养不成坚持的习惯,多是因为家长做事也是虎头蛇尾,所以要想孩子学会坚持,家长首先要坚持去做一件事,凡是孩子自己能做的事情,家长要狠下心来决不插手,更不能包办。

通过几个月几件事的坚持锻炼,我们的教育经验是不管孩子干什么,坚持会是她成功的唯一选择,选择了它,就要做好它,做什么就要像什么!在最困难的时刻,也就是光明就要到来的时刻,越在这样的时刻,越需要坚持,因为坚持就是胜利。

教孩子学会 屁股自己"擦"

● 第五步：逐步让孩子自己面对困难

# 不断地克服困难

作为父母当然不愿意看到孩子有困难，而且总是希望能为他把成长道路上的障碍全部扫清，"可怜天下父母心"。孩子终究要自己面对生活，与其不断地担心，不如放手培养不畏困难、独立克服困难的孩子，只有学会克服困难才能享受困难到为他的成长带来的"特殊礼物"。

教育孩子克服困难，要从态度、知识、技能三个方面着手进行。

态度方面：有的孩子害怕困难，选择逃避或者是一有挫折，立刻选择放弃。父母可以在有困难时，与孩子一同解决，消除孩子心中的畏难情绪，然后父母要逐步放手，从指导孩子解决问题，到由孩子独立解决问题，在此过程中，不断地表扬孩子的进步和坚持。

知识方面：父母在开始教孩子克服困难之初，在与孩子一同解决问题时，要边做、边讲，让他学习到困难中的知识。生活中，时时处处都是孩子的课堂，利用各种事或物，拓宽孩子的知识面。

技能方面：孩子能够初步克服困难、解决问题时，父母除了表扬之外，还可以教给孩子克服困难的窍门。利用激将法，把孩子的好胜心调动起来，将会让孩子克服困难时变得更加有勇气。

人生中的困难各种各样，父母无法一一为孩子讲解，只能教会孩子举一反三、触类旁通。同时，我们也要注意到，有的困难是危险的，不能直接面对，而要选择躲避的方法，这也是孩子需要学习的。

## 引导孩子学会自己解决问题步步走

**4个选择，简单评估 孩子的控制水平**

1. 当孩子在饭桌上提出"我想要一个游戏机"的要求被拒绝之后，他的反应是
   - A）耍赖，哇哇大哭
   - B）翘起嘴巴，拒绝继续吃饭
   - C）平静地问原因，并表示等下再谈

2. 家里来了一个陌生人，孩子当时正在厅里玩玩具，他当下的反应是
   - A）不肯叫人，自顾自玩
   - B）赶紧躲回自己的房间去
   - C）叫人，并配合回答客人的问题

3. 孩子在幼儿园里做游戏的时候输给了别的小朋友，他当下的反应是
   - A）乱扔东西，恨赢的人
   - B）伤心地哭了
   - C）不开心，但马上笑了，觉得下次能表现得更好

4. 父母原本和孩子约好周末带他去最喜欢的游乐园，但临时有事，不得不延期。当父母把这个决定告诉孩子时，他当下的反应是
   - A）激动地大喊"不行"，责骂父母是"骗子"
   - B）非常失落，低下头，不理父母
   - C）有些失望，但向父母表示"我能理解"

如果你的选项大多为"A"或"B"的话，表明孩子尚未形成较好的内部控制，缺乏应对挑战和压力的有效策略，需要父母加以特别关注。

如果你的选项大多为"C"的话，说明你的孩子已经能够自如地控制强烈的情绪反应，学会了"耐心地等待"、"冷静地询问"、"大方地交流"、"宽容地体谅"，并懂得适时进行自我激励与鞭策。

# 智慧父母教出会做事的孩子

教孩子学会 屁股自己"擦"

● *用欣赏的眼光看孩子，让他感觉成"高"人*

# 赞赏就是奇迹的开始

对于父母来讲，每个孩子都是天才，只要你用赞赏的目光去看待。

纽约的黑人贫民窟环境肮脏、充满暴力，而在这儿出生的孩子，耳濡目染，他们从小就学会逃学、打架、偷窃甚至吸毒，长大后，很少有人从事体面的职业。然而，这里却诞生了美国纽约州历史上第一位黑人州长。罗杰•罗尔斯就是那个创造奇迹的孩子。

罗杰•罗尔斯读小学时非常调皮，常常惹出很多麻烦，老师、校长想过很多办法来引导他，但是仍没有用。这一年，小学来了新的董事兼校长——皮尔•保罗，他想尽办法来改变这些孩子们。

皮尔•保罗发现罗尔斯有些迷信，就为罗尔斯看手相，并对罗尔斯说："我一看你修长的手指就知道，将来你是纽约州的州长。"幼小的罗尔斯大吃一惊，长这么大，除了奶奶说过他可以成为五吨重小船的船长外，从来没有人相信他今后能有什么成就。从此，罗尔斯他记下了皮尔•保罗的话，并且相信了它。

从那天起，"纽约州州长"就像一面旗帜，引导罗尔斯在以后的40多年间按州长的身份要求自己……终于在51岁那年，他成了纽约州的州长。

这个故事为我们印证了一个观点：赞赏可以促使成功。因此，对于我们每一个父母来说，现在，请开始用赞赏的目光看待你的孩子吧！用你的赞赏语言对孩子说："孩子，我相信你可以做好自己的事情！"

## 智慧父母教出会做事的孩子

赏识教育是教育的一种方式,但它不能代表教育的全部。某学校的校长对"赏识教育"进行了认真研讨,为大家提出了以下建议:

### 赞赏不是一味表扬

#### 1. 赏识教育是一种自信教育

成都市实验外国语学校副校长李俊指出,"赏识与表扬有本质区别。"赏识教育实际上是一种自信教育,更多地体现在对自信心不足的学生进行鼓励。

> 赏识教育实际上是一种自信教育,更多地体现在对自信心不足的学生进行鼓励。

#### 2. 赏识教育要因人而异

"赏识教育应该因人而异。"成都市实验小学青华分校校长张胜表示,无论是赏识教育、还是"惩戒教育",都应该根据不同学生的实际情况加以区别使用。他认为,有的学生需要高强度的赏识,有的却只需要一点点的鼓励……"这需要老师和家长对孩子有比较全面的了解。"

#### 3. 挫折后更需要被赏识

成都市外语学校校长胡令指出:赏识教育本身不是简单的表扬,而主要是对学生成长的进步和战胜困难挫折的一种期待和鼓励。"教育工作者和家长要在孩子遇到挫折后给予及时鼓励,引导其克服困难,这才是赏识教育的真正体现。

教孩子学会 屁股自己"擦"

● *用欣赏的眼光看孩子，让他感觉成"高"人*

# 赞赏是培养孩子自信心的关键

赞赏是培养孩子自信心的关键，一个拥有自信心的孩子，才能获得足够的勇气和力量。

游乐场里，一条重达8000公斤的大鲸鱼跃出水面6米，为观众表演各种各样的动作。

有观众问鲸鱼训练师："你们是怎样创造出这个奇迹的？"训练师一乐，随后说出了其中的奥秘："在开始时，我们先把绳子放在水下，想办法使鲸鱼从绳子上方通过。鲸鱼每次通过绳子上方，我们就会给它一些奖励，譬如说，给它鱼吃，或者拍拍它的身体，以示鼓励和赞赏。当鲸鱼从绳子上方通过的次数逐渐多于从下方经过的次数时，我们就再把绳子提高。不过提高的速度必须很慢，这样才不至于让鲸鱼因过多的失败而产生沮丧情绪。"

训练鲸鱼的故事为我们很好地证明了赞赏的重要性！

马克·吐温曾说过这样一句话："一句好听的赞辞能使我不吃不喝活上三个月。"此话虽然略带夸张，但它却生动地概括了"赞美"的魅力所在。因此，每个聪明的家长，都应当掌握赞美孩子的艺术，用赞美增强孩子的自信心。

生活中，父母必须给孩子以赞赏，但是赞赏不是空泛、任意而为的，必须要遵循及时有效、准确具体、恰如其分的原则，要循序渐进，要有耐心，像鲸鱼训练师那样，慢慢地提速，不让鲸鱼因过多的失败而沮丧，对待孩子也是如此。

## 智慧父母教出会做事的孩子

### 既要赏识也要批评

四川师范大学教师、教育学院常务副院长游永恒教授认为：我国教育的基调是惩罚教育，从整体上看我们对孩子的赏识不足；对学习好的孩子赏识多，对学习差的孩子赏识太少；而且，很多人只注意学习方面的赏识教育，其实品德方面的赏识教育更重要。同时他还对如何实施赏识教育提出了自己的观点：

既要赏识也要批评。既要用积极的眼光看待孩子，以激发他的成长潜能，也要指出和纠正他的问题，让孩子的成长有一个正确的方向。两者结合，孩子才会有真正健康的心理。

赏识教育要和责任教育相结合，让孩子知道自己承担的基本责任是什么。

赏识教育要同道德教育相结合。要让孩子知道什么可以做什么不可以做，尤其要让孩子懂得行为的底线在哪里。

教孩子学会 屁股自己"擦"

● *用欣赏的眼光看孩子，让他感觉成"高"人*

# 理解是赞赏孩子的前提

如今，在中国，赏识教育被越来越多的父母所接受和践行，然而我们说，赏识并不是盲目的，只有在理解孩子的基础上才能正确地对孩子开展赏识教育。

首先，要了解孩子的气质特征，因材施教。

这里所谓的"气质"与我们日常生活中所说的气质不是一个概念。这是心理学上专用的概念，是指一个人与生俱来的典型而稳定的心理活动的动力特征，是人与人之间在个人方面产生的显著差异。

其次，要了解孩子的性格特征，对症下药。

性格是一种表现在人的行为和态度方面较为稳定的具有核心意义的个性心理特征，比如正直、诚实、虚伪等，它是个性心理的重要组成部分。人的性格不是天生的，而是在社会生活中逐渐形成的，有一个由低级到高级不断完善的过程。人的性格具有可塑性，当然，性格的塑造不是一蹴而就的，同时性格一经形成又具有相对的稳定性。对孩子而言，其性格虽然尚未定型，但是他们彼此之间的个别差异已有相当明显的表现。

需要指出的是，性格有好坏之分，对待性格各异的孩子，我们家长只有注意认真观察，正确理解，仔细分析，因材施教，才能使孩子的个性发展扬长避短。

## 智慧父母教出会做事的孩子

### 父母 你了解自己的孩子吗？

对于父母来说，在日常生活中，可以通过以下几个步骤去理解你的孩子。

**1. 主动询问孩子的各种行为**

不管孩子做了什么，哪怕是你看到的"错误"，也不能以成人的思想去揣摩，一定要问问孩子为什么这样做。这样就不会有孩子把太阳画成绿色时家长气急败坏，也不会有"老师他打我"的告状声中的恼怒。或许孩子只是想要夏天不那么热，才把太阳画成了荫凉的绿色；或许孩子只是为另一个孩子掸了掸衣服上的灰尘，根本就没有打人，或许只有通过主动询问去了解事实的真相，才能看到孩子各种行为下真正的内涵。眼睛看到的并不一定是完全正确的。

**2. 站在孩子的角度思考问题**

每个人观察问题、思考问题的立足点是不同的，所得的结论也是不同的。我们要抛开教师的身份，站在孩子的立场上去看孩子。许多时候我们一蹲下来就会看到一个与平时完全不同的世界。家长不应该给孩子太多的压力，要以平等的目光去看待孩子，只有这样才能更好地理解孩子，孩子也才会尊敬你，信赖你。

**3. 理解孩子的心情**

孩子虽小，但也是一个独立的个体，他们也有自己的思维方式，有自己的想法。他们也有开心与失落，会欣喜也会郁闷，只有理解了孩子的心情才会发现孩子的一些看起来非常难以理解的行为和做法，其实都是可以理解和宽容的，甚至这些做法中还隐藏孩子的一些优点和值得赏识的方面。所以当孩子在盥洗室狠狠地踩地板时不妨先想想早晨来园时她的眼泪，就不会武断地对她踩地板的行为作出批评。

**4. 理解孩子不同的意见**

孩子有自己的思想，做父母的不能包办代替，抹杀孩子的想法和选择。孩子由于年纪小，经验不足而产生许多幼稚行为，这时我们做老师的应该包容。孩子说的不完整，老师可以补充；孩子说的有偏差，老师可以纠正，但是一定要尊重孩子的不同意见。对孩子不成熟的想法不能置之不理，也不能一言否定，要以接纳、包容的态度对待孩子的不同意见，这样才能让孩子乐意和我们交流，我们才有机会走进孩子的心灵，做孩子的朋友，而不仅仅是居高临下的、权威的"老师"。

教孩子学会 屁股自己"擦"

● *用欣赏的眼光看孩子，让他感觉成"高"人*

# "恰到好处"地鼓励孩子

家长和孩子之间拥有良好的沟通，是孩子增强自信的重要条件。而孩子由于在成长中遇到自己解不开的疑问，没有得到及时的回答，同样会对自己产生不信任和不确定的判断。

所以家长与孩子沟通，要学会"恰到好处"地鼓励，还应该掌握一些肢体语言，例如用手摸摸孩子的脑袋，拍拍孩子的后背以示肯定和鼓励，都可以对建立孩子的自信起到很好的辅助作用。

"恰到好处"要求注意语气问题，家长最好保持和孩子商量的语气，不断地鼓励孩子，一直信任孩子，把商量、鼓励、信任分别用在最合适的地方。同样是一句话，运用不同的语气去说，就会带来不同的效果。譬如，孩子面对难题说："我不会。"而家长用质问的语气说："这样的题不会？"孩子就会觉得"这么简单都不会，你真太笨！"觉得被父母贴上了"笨"的标签，自信心会严重受挫。如果父母换一种鼓励的语气："试着去解决它吧！"就表示对孩子说"这题确实有点难，但我相信你会做出来的。"这样帮孩子从克服很小的难题开始，令他们的自信心在循序渐进中慢慢增强。

培养孩子做事情的自信，但不是让孩子自信到骄傲自大，适当让孩子承受一下挫折，拿他的短处去比一比别人的长处。孩子遇到困难勇于挑战、扬长避短、决不嚣张地积极对待事情就是孩子自信的表限。

## 智慧父母教出会做事的孩子

## 教孩子学会拒绝

出于种种原因，孩子们总是很轻易地答应同学或朋友的请求，殊不知，他们不愿或不能处理的事可能会占去他们很多时光。教孩子不要凭一时冲动对别人的请求立即作出决定，花一点时间考虑再给予答复，学会拒绝，可以更充分地安排时间。

### 1. 按时作出决定

没有解决的问题常常影响孩子的学习效率，并使他们显得忧心忡忡。所以，父母应该帮助孩子在规定的时间内作出应该做的决定，绝不要将今天应做的事留到明天去做。出于好奇，孩子几乎对所有的电视节目都感兴趣，而缺乏选择节目的自觉能力。所以，父母应该帮助孩子有效地安排看电视的时间，帮助他查阅电视节目单，选择适合他看的并且有教育意义的节目。

### 2. 做事有计划

写一篇作文需要花多长时间？组织一次活动两小时足够了吗？按制定好的计划行事能为孩子节省很多时间，想办法教会他。

花半小时去找榔头或订书机，即使是孩子也是一件折磨人的事，每样东西都应有它合适的位置。教会孩子建立秩序，尤其是他经常要用的东西，一定要有固定的放置位置。这样，生活就变得有序，有序就意味着不浪费时间。

### 3. 不要徒劳地等待

美好的时光，通常会在徒劳地等待中悄悄流逝。告诉孩子随身带一支笔，记住朋友或父母单位的电话号码。如果去拜访谁，他若不在家，不必等上一两个小时，留个条就行了。如果去看病，当你不得不在医院等待1小时的话，最好带上一本书。总之，绝不要让时间白白流走。

### 4. 学会爱护东西

如果孩子的什么东西弄坏了，通常他会自己摆弄一两个小时，这会花去他太多时间。所以，要教会他爱惜自己的东西。

### 5. 不为未来发愁

教会孩子脚踏实地，一个阶段一个阶段地制定具体可行的计划。帮助他展望未来，但不要让他为未来背上包袱。

167

● *用欣赏的眼光看孩子，让他感觉成"高"人*

# 表扬孩子的艺术

一位父亲因他没有男子气概的孩子而愁闷不已。于是，父亲去拜访一位禅师，请他帮着训练自己的孩子。经过一段时间的训练之后，禅师特意安排孩子和教练进行一场比试。可教练一出手，孩子便被打倒，他站起继续迎接挑战，但马上又被教练打倒；他就又站起来……

禅师问父亲："你觉得你孩子的表现够不够男子气概？"父亲说："丢死人了！他这样不经打，一打就倒。"

禅师摇了摇头说："可惜啊，你只看到比试的胜负，却没有发现孩子倒下去立刻又站起来的勇气和毅力。"

只要站起来比倒下去多一次，就是成功。

任何了不起的质变，都是以不起眼的量变为起点的，而作为孩子的父母，可能会习惯性地忽略孩子身上发生的那些小的量变，也就是小的进步。

夸奖孩子、表扬孩子，不一定非要等到他考全班第一，或是考上重点。父母不应该吝啬自己的赞美之词，尤其孩子取得了一些在他们看来是微不足道的小进步时。身为父母要有一双敏锐的眼睛，随时可以发现孩子那些细小的进步，并随时准备表扬孩子。每一点进步被表扬之后，都会为孩子带来更多前进的动力；每一次被表扬的进步之后，孩子都会迈上一个新的台阶，无数次的小进步凝结成孩子成功的跨越。这就是表扬孩子的艺术，也是孩子成功的艺术。

## 智慧父母教出会做事的孩子

### 表扬的**方式**

表扬是一门艺术，过多的表扬会影响孩子的行为动机，使他为了表扬而采取行动。表扬越具体，孩子越容易明白哪些是好的行为，越容易找准努力的方向。

表扬要有针对性。有些父母和教师常对孩子许愿："你考试得90分我就奖励你。"这容易使孩子为了得到表扬和鼓励而做某件事，哪怕这件事是他应该做的，没有表扬、鼓励他就不做，这将有悖于培养孩子良好的道德行为。

只有适合孩子的表扬方式才能收到最好的效果。表扬、鼓励的方式有很多，如：购买图书、玩具、衣服、糖果、饮料等物质鼓励；点头、微笑、拥抱、竖大拇指等动作的表情奖励；恰如其分的语言表扬；做游戏、逛公园、讲故事等活动性奖励。所有这些父母都可以有选择地加以运用。

不同年龄的孩子对表扬反应不同，年龄小的孩子，父母的拥抱、亲吻、抚慰等动作，讲故事、做游戏等简单的活动，比物质奖励的效果要好得多。而对年龄大的孩子这一套很可能行不通，这时你采用竖大拇指、拍拍孩子的肩膀、微笑等动作，恰当的语言，赠送精美的图书等方式可能会收到意想不到的效果。

每个孩子都有自己的特点，哪种方式最恰当且最适合你的孩子，就靠你用心去选择了。希望所有的孩子都在父母适当的表扬声中学会自信、进取、探索和自我激励。

教孩子学会 屁股自己"擦"

● 用欣赏的眼光看孩子，让他感觉成"高"人

# 表扬也要分级别

心理学认为，当一个人的某种行为得到外界的奖励或是肯定的时候，这种行为就能得到加强并保持下去。所以经常受到表扬的孩子往往具有很强的自信心，即使遭遇困难也不会轻言放弃，因为这样的孩子相信自己有能力去克服这一切，并实现自己的目标。所以家长不要吝啬自己的表扬，但表扬也要讲究方式和方法。

首先，把你关注的重点放在孩子的优点上。过去的教育习惯把眼光放在孩子的缺点上，总是使劲地要求孩子改掉缺点。现在则习惯于多看着孩子的优点，多对孩子进行表扬，让孩子感觉到自己的存在，也让孩子明白自身的价值，让孩子表现得更好。

其次，时间上一定要及时，事情上一定要具体。家长在表扬孩子的时候，唯有及时到位，才会让孩子感觉自己的行为和事后表扬之间的因果关系，通常时间越及时，孩子也就越能体会其中的关系，这样才能更好地强化孩子的行为。而具体的事情则能让孩子明白自己哪种行为是好的行为，才会更准确地找到自己的方向。家长那些泛泛的表扬只能暂时提高孩子的自信，却不能让孩子明白自己好在哪里。

最后，表扬可以和适当的奖励相结合，但要避免孩子单纯地追求物质奖励的极端行为，所以家长的表扬应多以精神奖励为主，物质奖励为辅，譬如说家长的一个拥抱或是点头微笑的默许都能让孩子感到满足。

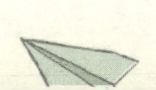

## 表扬孩子的3原则

### 1. 夸具体不夸全部

"宝宝真棒",这样的表扬对家长来说真是轻车熟路。在家长眼里,孩子的每一个成长细节都是值得惊叹和赞美的——宝宝会笑了,宝宝会翻身了,宝宝会蹦了,宝宝说话了……就是在这种不断的惊喜中,家长已经习惯了对着孩子说出"真棒!"、"真好!"这样的评价,甚至一句轻轻的"啊"都充满着赞赏的语气。家长随口的夸奖,可能意识不到会带来怎样的消极影响,直到有一天,发现孩子变得害怕失败,经不起一丁点儿挫折……

总是笼统地表扬孩子,比如你真棒,会让孩子无所适从。也许孩子只是端了一次饭,妈妈与其兴高采烈地表示"好孩子,你真棒",不如告诉他"谢谢你帮妈妈端饭,妈妈很开心"。有针对性地表扬会让孩子更容易理解,并且知道今后应该怎么做,如何努力。

### 2. 夸努力不夸聪明

"你真聪明!"——又一个家长惯用的评语。家长对孩子的每一个进步如果都用"聪明"来定义,结果只能是让孩子觉得好成绩是与聪明划等号,一方面他会变得"自负"而非"自信",另一方面,他们面对挑战会采取回避,因为不想出现与聪明不相符的结果。

美国的研究人员让幼儿园孩子解决了一些难题,然后,对一半的孩子说:"答对了8道题,你们很聪明。"对另一半说:"答对8道题,你们很努力。"接着给他们两种任务选择:一种是可能出一些差错,但最终能学到新东西的任务;另一种是有把握能够做得非常好的。结果2/3的被夸聪明的孩子选择容易完成的;被夸努力的孩子90%选择了具有挑战性的任务

### 3. 夸事实不夸人格

"好宝宝"这样的话是典型的"夸人格",家长们会无心地将其挂在嘴边。但"好"是一个很虚无的概念,如果孩子总被扣上这样一顶大帽子,对他反而是种压力。

成年人也是,当领导不断夸奖你时,开始还会沾沾自喜,但慢慢地就会感觉到压力,甚至不想做得完美,以便得到喘息的机会。

如果家长的称赞总是"言过其实",孩子也会有压力,觉得自己不配这样的赞美。他们会怎么办呢?那就是在你刚刚赞美完他的时候,他就做出让你头疼的事情,以示"真诚"。

教孩子学会 屁股自己"擦"

● *用欣赏的眼光看孩子，让他感觉成"高"人*

# 有了表扬，批评才显得深刻

如今，很多家长已经开始转变对孩子的教育方式，懂得唯有不断鼓励，才能让孩子茁壮成长。

其实，在教育实践中，表扬和批评这两种方法是相辅相成的，需要交叉使用，在表扬的基础上，批评才显得更为深刻。

所有的人都喜欢被表扬，表扬不仅能使被表扬人心情愉快，更能使他工作和生活的积极性增高。因此，家长应该不断地表扬孩子，但如果孩子平常只是听到父母的表扬从不接受一点批评，那么孩子很容易又会心理异常脆弱。

每一个人都不可能绝对完美，总会有这样或是那样的缺点，有些缺点自己并不知道，但别人是很容易就会发现的，并且当别人对自己提出批评时，自己才能知晓进而获得改正。假如孩子不接受批评，又怎能得到改正？所以，作为家长，应该让孩子知道，别人指出自己的缺点并不是讨厌自己或是不喜欢自己，而是一种帮助和爱护自己的行为，只要改正这些缺点就是一个好孩子，而且会获得更多人的喜欢，所以可怕的不是缺点，而是孩子不肯改正的态度。通过家长几次的严格要求，孩子就会在批评之中悔悟自己，同时也能锻炼自己的承受能力。

父母对于孩子的表扬与批评既对立又相对统一，可以让孩子更积极地投入到学习中去，也可让孩子修正自身的弱点。最后，应当指出，家长对于孩子的批评，要保持一个客观公正的原则，切勿乱用，以防失去其应有的效果。

智慧父母教出会做事的孩子

# 教孩子正确面对批评五原则

**1. 教育孩子不必对他人的批评大惊小怪**

事实上，在幼儿期就能适应批评的孩子，长大后往往也能较好地适应社会，包括拥有正确对待来自他人的批评乃至非议的"平和"的心态，以及较强的承受挫折的能力。

**2. 允许孩子作出解释**

如果批评不符合事实，那么应允许孩子作出解释，因为让孩子虚假地表示接受批评但心里大感委屈实际上不仅于事无补，而且可能引发种种心理弊端。

**3. 要求孩子认真倾听，冷静处理**

不论批评有多尖锐、多不中听，都应该要求孩子认真倾听。因为只有这样，才会发现其中也许确实有几分道理，才能虚心予以接受。同时应该让孩子渐渐明白：对他人的批评认真倾听，不仅是一种文明的表现，而且也是完善自我的必要条件。

**4. 让孩子作对比，同时学会作出批评**

不妨在孩子接受批评并作出改进后，有意让其作一下前后对比——聪明的孩子自会明白接受批评有益。通过接受批评，孩子学会了知晓"如何作出批评才能使对方虚心接受"的要点。不妨帮他总结，批评前作好调查分析，语气要婉转，用词要文明恰当，态度不要偏激，要允许对方分辩。

**5. 要求孩子对批评者一视同仁**

不少孩子可以做到认真倾听并虚心接受来自师长的批评，但对同龄人的批评却拒之门外。这时应教育孩子：只要批评得有道理，即使这批评来自小伙伴，也理应虚心接受。而且对那些提出善意批评的人不论是谁，都建议孩子作出真诚的道谢。这不仅表达自己的虚心和诚意，而且还能加快弥合双方的分歧。

教孩子学会 屁股自己"擦"

● 用欣赏的眼光看孩子，让他感觉成"高"人

# 期望，是鼓励孩子的好方法

在日常生活当中，父母的期望是鼓励孩子的好方法！

瑞典心理学家曾在瑞典一所中学随意挑选了一批学生组成一个班级，然后告诉他们：你们都很聪明，非常有前途。大约过了8个月，心理学家发现，这些学生的学习成绩明显高于其他班级的同学。这就是我们所说的神奇的"期望效应"。

期望是人类一种普遍的心理现象。按照普遍意义的心理学规律，在家长教育子女的过程中，"期望效应"常常可以发挥强大而神奇的威力。家长对孩子有所期望，并表现出期望，就会无形中给孩子传递一种信息："相信你可以做到……"孩子在这样的心理暗示下，就能把事情做得更好。

但我们也应该看到，父母对于孩子过度的期望，反而会给孩子造成无形的压力。一般来说，中国的父母，普遍都有"望子成龙"、"望女成凤"的心理，有人曾对某幼儿园一个大班近35名孩子做了一个调查：问这些孩子长大了想干什么？孩子们竟异口同声地回答："当官、做大老板、当警察"，此外别无选择。孩子所说的，恐怕也是家长所希望他们做的。

家长"望子成龙"、"望女成凤"的心情是可以理解的，但有时也是不切实际的，因为毕竟每个孩子的自身条件有很大的差异。所以，作为父母，应理性地对孩子提出自己的期望，不要过多地给孩子压力，让孩子有一个自由发展的空间。

## 智慧父母教出会做事的孩子

## 不可小觑期望的后遗症！

首先，要求过高超出了孩子能力的极限，即使孩子非常努力，也无法实现目标。譬如，孩子以前从没有受过体操训练，家里也没有这方面的影响和刺激，可家长却要求孩子一定要成为全班的前五名。假如孩子达不到要求，家长就说他笨，那样会降低孩子学习体操的兴趣。

其次，要求过高表明期望值过高，同样也会给孩子造成无形的压力。孩子的精神总是处在一种十分紧张的状态，这样会严重影响孩子的心理健康，也给孩子长大以后发挥正常的水平设置了障碍。

再者，要求过高，孩子常常会因为达不到目标，加上家长的训斥与责备，就会觉得自卑，他认为自己的确比较笨，做什么事情都缺乏信心，最后变成了胆怯、缺乏勇气的人。

决不能模仿别人，别人怎样你就怎样，要多鼓励孩子，只要孩子能在原有的水平上有所进步，就应该受到表扬，要不断地增强孩子的自信心和克服困难的勇气。

为了避免上面几种情况的发生，做家长的首先要了解孩子的实际水平，根据孩子的实际水平给他提出要求。

教孩子学会 屁股自己"擦"

● 用欣赏的眼光看孩子，让他感觉成"高"人

# 胡萝卜加大棒的政策

"胡萝卜加大棒"一词来源于一则古老的故事——"要使驴子前进"，就在它前面放一个胡萝卜或者用一根棒子在后面赶它。所谓的"胡萝卜加大棒"方针，就是站在欣赏孩子的角度，去激励孩子，并同时运用奖励和惩罚两种手段以激发孩子的上进心。在家长和孩子互动的关系中，这种方式非常管用。

但这里要说明的是，在实际教育孩子的过程中，"胡萝卜"和"大棒"孤军奋战都很难达到预期效果，唯有灵活配合使用方能让孩子乖乖"就范"。我们来看一则例子——

每天晚饭后，是小明写作业的时间，偶尔，爸爸会教他些数学验算的题目。一天晚上，小明的注意力不够集中，一边听爸爸讲一边玩着橡皮。爸爸制止了好几次小明都不听，于是爸爸有些恼火了，大声训斥小明。没想到小明居然和爸爸对着干。当时爸爸气不打一处来，举起手就给了小明一巴掌，没想到小明一点儿没服软。几巴掌下去，打得爸爸都心疼了，最后爸爸只能撂下一句话"爱学不学"，一走了之！接下来，妈妈走上前去，一番和风细雨过后，小明主动和爸爸道了歉……

其实，"胡萝卜加大棒"的教育方针和我们常说的"一个唱红脸，一个唱白脸"差不多，在一个家庭中，常常是爸爸唱红脸，妈妈唱白脸。其实，红脸白脸也可以由一个人来完成，譬如小明的爸爸打完他后，再好言向小明道歉，哄劝小明听自己的话。

## 建立有利于儿童健康de家庭气氛

保持家庭环境的宁静和整洁。孩子通过视觉、听觉来感受环境的变化，外界的声音、色彩以及物体排列组合的整体形象都会对儿童心理产生不同的刺激。所以，保持家庭环境的整洁与宁静，是使儿童保持心理稳定、排除干扰的前提。家里并不需要装饰得金碧辉煌，而是要尽量给孩子一种开阔、明净和舒展的感觉，创造一个有利于孩子安静、整洁的家庭环境和氛围。

建立一种稳定的家庭生活程序。有规律、有节奏、有计划的家庭生活程序，对家庭气氛起到一种稳固作用，也对培养孩子的良好情绪与性格有促进与保护作用。在孩子面前，父母尽量不要表现得忙忙碌碌、疲惫不堪和烦躁不安，应当显得从容不迫、轻松自如、按部就班的样子，使孩子感受到家庭的温馨，减少心理压力，也使他们更热爱这个家庭。

处理好家庭成员的关系。家庭成员之间，大家要互相关心、互相帮助，形成一种和睦、融洽、宽松、平等的人际关系。首先要处理好夫妻关系，夫妻和睦是良好家庭氛围的基础。如果夫妻间发生矛盾，也应从孩子利益出发，尽量弥补裂缝。

塑造一个良好形象。父母在家庭中扮演的角色，包括表现出来的思想、情绪、行为、习惯和意图等，都会对孩子起到榜样、模范作用。因此，年轻的父母要时刻意识到自己身旁有一双眼睛看着自己，尽量使自己具有高尚的情趣、文明的言行举止、良好的教养和严谨的生活作风，为孩子提供一个健康向上的学习榜样。

坦率商谈经济问题，造成家庭关系紧张的头号问题往往是经济问题。例如财权谁掌管？应该怎么花钱？有没有余钱储存？……和睦家庭同样有经济问题，不过他们更多采用坦诚商洽的方式来解决。有人认为，应该让孩子也了解家庭经济问题。父母可以根据孩子的年龄大小，来决定让他们知道多少。最主要的一点，应该让他们认识到一个幸福、快乐的家庭，最主要的是家庭成员之间的亲密无间，而不是金钱。

共同分摊家务。家务劳动是家庭里的一个主要问题。和谐家庭几乎都是一家人共同承担家务劳动。不但夫妻都要干家务，小孩也要做些力所能及的家务活。例如，刚会走路的孩子可以让他帮助大人拿点小东西，把玩过的玩具收拾好；孩子上学之后，要他做完作业就立即自己收拾桌上的书本与文具，帮忙打扫房间等等。让小孩从小帮助大人干点家务，增强对家庭的责任感，逐步学会照料自己的本领。

### 教孩子学会 屁股自己"擦"

● 培养孩子做事情的基本素质

# 自信可以赢得一切

想必很多的家长都会发现，自己的孩子在做一些事情的时候，总是显得畏首畏脚，不敢去尝试。究其原因，很大程度上就是孩子对于做成或是做好这件事，没有十足的信心！这时，父母就必须给予孩子鼓励，帮助孩子树立起自信心！

小凡是个很普通的女孩，她常常觉得父母给她取的这个名字再恰当不过了，自己就是属于那种默默无闻的人，"出色"这个词或许根本就不属于自己。这天，学校举行智力竞赛，妈妈鼓励小凡去参加，可她却摇头拒绝了："参加比赛的都是一些成绩好的同学。我不想去！"妈妈意识到女儿这时最缺乏的就是信心，便鼓励道："妈妈过去也像你一样缺乏信心，凡事都想退缩。就这样失去了很多机会。现在，我想告诉你的是，无论自己看起来多么平凡、普通，但是自信的外衣会让你瞬间变得灿烂夺目的！"小凡听完妈妈的话，眼睛里开始闪现些许光芒。妈妈继续道："以后，你要时刻有这样一种信念：告诉自己，我能做到！"

就这样，小凡在妈妈的帮助下，渐渐摆脱了自卑的情绪，变得自信起来了。她报名参加了智力竞赛，真没料到，竟然还取得了不错的成绩！

自信，可说是一个人成功的最大动力！对于家长来说，要想让你的孩子真正实现自立，你首先必须要帮助孩子建立起肯定自我、勇敢面对任何困难的自信心。

## 帮孩子肯定自己

当孩子取得好成绩或有所进步时，最好的奖赏是能在当晚告诉家人，分享他的成就。作为家长，虽然我们可以不断重复地告诉孩子，我们是多么为他感到骄傲，但最终他还是需要依靠自己的力量来强化自己的行为。帮助孩子形成这种力量的最佳做法是：指出他所做的事情值得表扬，然后提醒他要从内心里承认自己。帮助孩子学会自我激励是一个长期而细致的过程，离不开家长的尊重、信任、指导及影响，这有助于孩子增强自信心，并保持继续努力的积极态度。

实事求是，正确表扬。为了避免出现家长的鼓励一停，孩子的良好行为就停的情况，家长在表扬孩子时要注意以下几点：一是表扬要值得，让孩子明白，自己真正该得到表扬；二是表扬行动，而不是孩子，因为表扬的真正目的是帮孩子学会分辨是非，找到改进自己行为的办法；三是表扬要尽可能具体，让孩子知道究竟什么事做对了。

学习积累，积极引导。教孩子学会自我表扬和激励，家长的任务除了肯定和表扬孩子之外，自身也需要不断学习、积累各种自我激励的方式，才能更有效地引导孩子。比如，教孩子自我对话是一种效果不错的做法："我很棒，我能做好这件事。"

创设情境，自我激励。家长应根据孩子的年龄及家庭的实际条件，在家里创造积极的环境。例如，让孩子的房间充满向上、乐观的气氛，创设轻松的家庭游戏方式，让孩子在自我激励的习惯养成过程中，了解生活和周围世界，增强孩子与父母间的情感交流与沟通。

教孩子学会 屁股自己"擦"

● 培养孩子做事情的基本素质

# 坚韧的意志力
# 让孩子变得更强

　　坚强的意志是人们达到目的、取得胜利的重要条件。同样，意志力对于孩子的成长，也起着重要的推动作用。

　　美国一位心理学家曾对4000余名儿童进行了追踪研究。30年后他总结时发现，一个人的成就与智力不完全相关，智力高的人不一定成就高。在800名男性受试者中，他把其中成就最大的人（占20%）与没有什么成就的人（占20%）做了比较，发现他们之间最明显的差别不是智力的高低，而是意志品质的不同。成就大的人都对自己的工作充满信心，具有不屈不挠的坚持和毅力，即意志力；而成就小的人，则缺乏这些品质。

　　当今社会，竞争无处不在，孩子在很小的时候，就可以感受到竞争的存在。竞争是残酷的，其结果无非是两个：要么成功，要么失败！那么，如何面对成功和失败，就是考验一个人意志力是否坚强的试金石。人的意志力并非与生俱来，唯有锻炼方能造就。因此，父母从小就应该有意识地对孩子进行意志力的培养，这对于孩子独立做事和勇于担当有着极其关键的作用。

　　对于孩子意志力的培养，每个家长都会有自己的方法，但结果却是殊途同归——让孩子有一颗坚强的心。此外，大量心理学和教育学表明，家长的言传身教是孩子最好的榜样。许多杰出人物之所以不同凡响，追溯到他们的成长环境时，可以发现他们往往都有一个坚强的母亲或父亲。

## 智慧父母教出会做事的孩子

### 让孩子自己当家

据说,某外企在中国招聘员工时,在面试的地方故意放了一把倒在地上的椅子,用以观察应聘人员的反应,是否把椅子扶起来成了能否参加复试的第一道题目。可见,缺乏责任感是很难在现代社会立足的。

也许有的家长会说:"孩子还小,长大后他们知道该做什么就行了,不要对孩子要求太高。"然而,他们忽略了孩子的责任感是在生活中一点一滴地培养、形成的。平时事无巨细都为孩子安排好的家长,希望孩子能在某一天突然变得有责任感,就如同白日做梦一般。据目前独生子女状况调查结果显示:我国60%的独生子女从未做过或很少做家务劳动,孩子平均每天只有12分钟的劳动时间。这造成了许多孩子依赖性强,且懒惰自私。分析这个现状,主要原因是家长观念和教养态度存在误区。家长的教育观念是直接影响家教质量的因素之一。作为家长,要让幼儿参加一定的家务劳动,培养孩子对自己、对家庭的负责意识,并逐渐过渡到对整个社会的责任感,使孩子成为一个"社会人"。

日本思想家福泽谕吉说过,"教育就是授人独立自尊之道,并开拓躬行实践之法。"儿童期是孩子品性形成与发展的重要时期,极具可塑性。孩子虽小,却也具有独立的人格,也是家庭中的一员,父母应该适时教育,加以指导,让孩子在家里承担一定的责任,借以培养孩子独立思考、自理与承担责任的能力,让孩子在体验、经历各种事物的过程中增加见识并形成良好的品质。

181

教孩子学会 屁股自己"擦"

● 培养孩子做事情的基本素质

# 正确面对自己的输赢

从孩子的心理角度来讲，无论孩子做什么事情，总是希望自己能够做得更好，从而获得周围人的认可。但每一个孩子的能力不同，加上孩子年纪小，各方面尚未成熟，一旦在某些方面输给别人，就会有不满情绪，这些都促使家长需要教会孩子正确面对自己的输赢，只有有了一个正确的态度才有可能健康快乐地成长。

通常不愿意输的孩子面对失败或是挫折会有两种表现：一种直接回避借此逃避困难，另一种则是大哭大闹以此宣泄不满。

其实孩子输不起的现象多源于家长不平衡的心态，假如家长能在孩子的失败中正确看待孩子的受挫事实，帮助孩子克服自身沮丧和悲观的心理，一起找寻失败的原因，重新建立积极的心态，就能帮助孩子正确对待暂时的挫折。

生活中，父母应该让孩子明白，失败是生活中不可避免的，让孩子懂得把挫折看做是另一种感情的体验。当孩子因为失败而情绪低落时，家长一定要及时给予孩子鼓励，帮助孩子以积极心态面对挫折。

鼓励孩子多去参加一些集体活动，期间孩子就会发现自身的缺点以及别人的长处，同时，也有助于提高孩子的耐挫力。家长要让孩子明白，学习知识和技能的确是很重要的事情，但是更重要的事情是保持一个能输能赢、乐观处事的健康心态。

## 家长故意输给孩子好不好？

孩子喜欢与别人竞争，老师在幼儿园举行吃饭比赛、穿衣比赛，父母也会借竞赛来激励孩子，促使他做事快一些、更好一些。看起来简简单单的竞赛却也有不小的学问。有不少孩子只爱赢，却输不起，一旦比不过别人，就很不开心，甚至大哭大闹："我不干，我不干。"心软的父母就缴械投降："好好好，算你赢！"或者重新玩，再输给孩子以息事宁人。

经常故意输给孩子，孩子会以为他永远都应该是赢家，但现实生活并非如此，他总要面对自己所不擅长的事情，总要学会怎样应付输的局面。成人的责任当然并不是为了讨孩子的欢心，而是要他学会承担相应的后果。

竞赛的目的无非是为了制造气氛，激发孩子的好胜心。孩子赢了可以树立自信心，输了应当学会面对败局。孩子的态度来源于家长所示范的榜样，所以当家长"输"了的时候，别忘了总结一下教训："我怎么会输呢？让我想想看，噢，是不太专心的缘故。"潜移默化的结果是，当孩子输了时也会考虑输的原因，无论输赢，成人都要示范乐观的态度：输赢乃兵家常事，重要的是下一次要吸取教训。孩子形成此态度时，"输"了的你假装表现出"沮丧"的样子，孩子定会来安慰你："妈妈，不要紧，下次专心吃饭，你一定会赢！"那时的你该有多开心。

教孩子学会 屁股自己"擦"

● 培养孩子做事情的基本素质

# 拥有合作精神，具备合作能力

在未来社会中，只有能与人合作的人，才能获得生存空间；只有善于合作的人，才能赢得发展。著名心理学家阿德勒指出：一个缺乏合作精神和合作能力的人，其职业生涯、人际关系以及爱情婚姻都会出现严重问题。

想必去过寺庙的人都知道，当你一进庙门，首先会看到弥陀佛，笑脸迎客，而在他的另一面，则是黑口黑脸的韦陀。我们不禁要问，他们俩为什么会凑合到一起呢？

相传在很久以前，弥陀佛和韦陀并不在同一个庙里，而是分别掌管不同的庙。弥乐佛热情快乐，所以来的人非常多，但他什么都不在乎，丢三落四，没有好好地管理账务，所以依然入不敷出；而韦陀虽然管账是一把好手，但成天阴着个脸，太过严肃，弄得人越来越少，最后竟至香火断绝！佛祖在查香火的时候发现了这个问题，就将他们两个放在同一个庙里，由弥乐佛负责公关，笑迎八方客，于是寺庙香火旺盛。而韦陀铁面无私，锱珠必较，于是让他负责财务，严格把关。就这样，在两人的分工合作下，庙里一派欣欣向荣的景象。

由此可见，生活中的分工合作是多么重要！对于家长来说，引导孩子学会独立，必须要教会孩子在生活中与人合作的能力，这其实并不矛盾！孩子懂得与人合作，共同解决问题，才能更好地完善自我，更好地实现自立。

## 智慧父母教出会做事的孩子

### 抓住一切机会与孩子合作

利用各种机会，培养孩子的合作意识。由于孩子年龄小，能力低，因此在日常生活中有许多事情需要帮助，在进行合作教育前，孩子碰到困难时往往求助于家长或老师。为了提高幼儿的合作意识与能力，我们应利用日常生活的各种机会，有意识地让孩子学会互相帮助。

比如，你帮我擦擦汗，我帮你换衣服；你看我的书，我玩你的玩具等。这些都属于合作的范畴。有些孩子的合作意识较差，如户外活动后换衣服时脱不下来，只会找家长或者干脆大哭。这时家长先不要心疼地帮孩子把一切都弄好，而要提醒孩子学会互相帮助，家长和孩子合作把衣服脱下来，让孩子亲身去体验，初步感受合作的快乐。再如起床后需要叠被子，孩子一个人很难完成。这时家长也可以通过引导、暗示，和孩子合作来完成工作。这样孩子自己动手并通过合作形式来完成任务，从中享受到合作的快乐也会显得很开心。

例如，领孩子到户外散步时，看见蚂蚁搬运粮食，孩子会很感兴趣，蹲在一边饶有趣味地观看。家长可以抓住这一机会，有意识地引导孩子思考：为什么小小的蚂蚁能把这么大的食物搬回家呢？把食物搬进洞后，蚂蚁们又会做什么事呢？在这些生动的实例中，孩子们合作与分享的意识得到了进一步的巩固与强化。

185

教孩子学会 屁股自己"擦"

● 培养孩子做事情的基本素质

# 从小·培养孩子的责任心

责任心,是一个人日后立足社会、获得事业成功与家庭幸福至关重要的人格品质。

1920年,有一位11岁的美国男孩,在踢足球时不小心踢碎了邻居家的玻璃。邻居索赔12.50美元。闯了大祸的男孩向父亲认错后,父亲要求他对自己的过失负责。这个男孩为难地说:"可是,爸爸,我没钱赔人家。"父亲对男孩说:"这样吧!我先借给你12.50美元,一年后要还我。"从此,这个男孩每逢周末、假日便外出辛勤打工,经过半年的努力,他终于挣足了12.50美元还给了父亲。大家知道这个男孩是谁吗?没错儿,他就是后来成为美国总统的里根。

后来,里根在回忆这件事时说:"通过自己的劳动来承担过失,使我懂得了什么叫责任!"

责任心,是孩子健全人格的基础,是能力发展的催化剂。对于家长来说,培养孩子的责任心,是培养孩子实现真正自立的关键因素。很难想象,一个没有责任心的孩子,会去独立承担一些事情!

在现实生活中,父母要试着把孩子生活中的每一项责任都放到他自己的身上,让孩子自己承担。比如,当孩子遇到麻烦的时候,你应该说:"这是你自己选择的,你想想为什么会这样?"而不要对孩子说:"你已经努力了,是爸爸没有帮助你。"虽然只是一句话,却反映出了观念的不同。如果你无意中帮助孩子推卸了责任,孩子将会认为自己无须承担责任,这对他以后实现自立是很不利的。

## 培养孩子的责任心

如今，中小学生缺乏责任心是一个普遍现象。一些孩子不喜欢值日，干家务活；做事虎头蛇尾，有始无终；对父母态度恶劣，喜怒无常……造成这种现象，原因是多方面的，比如，自觉性还没有很好形成，自制力比较差，耐性不够等。然而，只要家长深究原因就会发现，最主要的还是孩子身上缺乏责任心。

有意识地交给孩子一些任务，锻炼孩子独立做事的能力。随着孩子年龄的增长，家长要逐步教孩子自己的事情自己做。做之前提出要求，鼓励孩子认真完成。如果孩子遇到困难，家长可在语言上给予指导，但是一定不要包办代替，让孩子有机会把事情独立做完。

鼓励孩子做事有始有终。孩子好奇心强，什么都想去试试，但是随意性很强，做事总是虎头蛇尾或有头无尾。所以交给孩子做的事情，哪怕是很小的事情，家长也要检查、督促，以便培养孩子持之以恒、认真负责的好习惯。

引导孩子独立思考。可适当地让孩子了解一些父母的忧虑和难处，提出一些问题，引导孩子独立思考和选择，大胆发表自己的见解。让孩子感到家庭的美满幸福，要靠父母和自己的共同参与，进而增强孩子对家庭的责任心。

鼓励孩子勇敢地承担责任。例如，孩子跟着父母去朋友家做客，不小心损坏了物品。这时应该让孩子知道，是由于自己的过错，才造成了这种后果，应当给予赔偿。之后，一定要带孩子一起买东西去朋友家道歉。

教孩子学会 屁股自己"擦"

● 培养孩子做事情的基本素质

# 教会孩子百事皆"可乐"

乐观,是人生的一种积极心态!

一位父亲准备对自己的两个儿子进行"性格改造",原因就是其中一个太过乐观,而另一个则过分悲观。一天,父亲买了许多色泽鲜艳的新玩具给悲观的孩子,又把乐观的孩子送进了一间堆满马粪的车房里。第二天清晨,父亲看到悲观的孩子正泣不成声,便问:"为什么不玩那些新玩具呢?""玩了就会坏的。"悲观的孩子仍在哭泣。父亲叹了口气,走进车房,发现乐观的孩子正兴高采烈地在马粪里掏什么。

过了一会儿,乐观的孩子得意洋洋地向父亲说:"告诉你,爸爸,我想马粪堆里一定还藏着一匹小马呢。"又过了一阵子,父亲送给两个孩子每人半瓶饮料,悲观的孩子没有喝,因为他看到只剩下半瓶了,而乐观的孩子拿起半瓶饮料高兴地说:"太好了,还有半瓶呢!"

这就是乐观与悲观带给两个孩子不同的人生境遇。他们因为拥有不同的人生态度,而对不同或相同的事物有了截然不同的看法与判断。

美国著名的心理学家马丁·塞利格曼认为,乐观是种很"迷人"的性格特征,并且对一个人的成长起着积极的作用,主要表现在:人们面对许多苦难时,乐观使其产生了免疫能力;乐观的人往往更能保持身体的健康;能与周围的人保持一份融洽关系。所以,家长有必要把这样的"迷人元素"注入到孩子的性格中,让孩子时刻保持一份快乐的情绪,去应对生活中的一切难题。

## 乐观父母才能培养乐观孩子

关于乐观,法国作家阿兰在论述把快乐的智慧用于和烦恼做各种各样斗争时说:"烦恼是我们患的一种精神上的近视症,应该向远处看并保持积极乐观的心态,这样我们的脚步就会更加坚定,内心也就更加泰然。"如果这会儿下雨了,就要引导女儿说"下雨了。"而不要说"该死的天,又下雨了。"因为这样说并不能改变下雨的事实。当然,就算说"太好了,又下雨了。"也不能使雨发生任何改变,可是如果把这种话说给孩子听,情况就大不一样!"瞧,太好了,又下雨了!小鸟在歌唱,小草也在歌唱,它们都得到了雨的滋润。"这样就会把快乐传递给孩子,让她无论面对何种环境,都能保持一种愉悦的心境。

一位外国大提琴家的童年故事可以说就是一个绝好的例证。有一天,他拖着比自己身体还高的大提琴,在走廊里迈着轻快的步伐,心情显然好极了。一位长者问到:"孩子,你这么高兴,是不是刚拉完大提琴?"他的脚步并没有停下,"不,我正要去拉。"这个7岁的孩子懂得一个许多大人不懂的道理:音乐是一种愉快的享受,而不是我们不得不做的、必须忍受的工作。

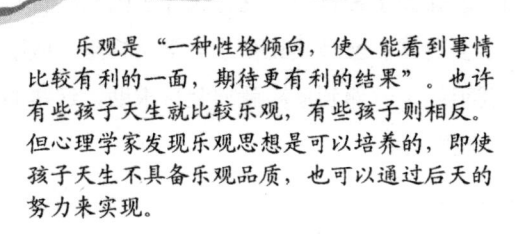

乐观是"一种性格倾向,使人能看到事情比较有利的一面,期待更有利的结果"。也许有些孩子天生就比较乐观,有些孩子则相反。但心理学家发现乐观思想是可以培养的,即使孩子天生不具备乐观品质,也可以通过后天的努力来实现。

教孩子学会 屁股自己"擦"

● 培养孩子做事情的基本素质

# 培养孩子的冒险精神

冒险精神，是一个人成就大业的重要素质之一。

有一天，一只龙虾与一只寄居蟹在深海中相遇，寄居蟹看见龙虾正把自己的硬壳脱掉，只露出娇嫩的身躯，非常紧张地说："哎呀！龙虾，你怎么可以把唯一保护自己身躯的硬壳也放弃呢？难道你不怕大鱼一口把你吃掉吗？以你现在的情况来看，连急流也会把你冲到岩石去，到时你不死才怪呢？"

龙虾则气定神闲地回答："呵呵！谢谢你的关心，但是你不了解，我们龙虾每次成长，都必须先脱掉旧壳，才能生长出更坚硬的外壳，现在面对的危险，只是为了将来发展得更好而作出准备。"

听完龙虾的话，寄居蟹不禁若有所思："自己每天都在寻找可以避居的地方，而没有想过如何让自己成长得更强壮，整天只活在别人的护荫之下，难怪自己永远都发展不起来。"

生活中，我们常常会听到一些大人们在带孩子的时候说，"别走那么快，别摔倒了。""别爬那么高，小心掉下来了。""扶着栏杆，别摔倒了。"……这些父母因为害怕孩子发生危险而不敢让孩子去冒险，这样无异于因噎废食！作为父母，你应该知道，既然要孩子学会自立，就必须让孩子去学会冒险，敢于冒险，体验冒险。否则，一遇到危险就退缩，一遇到危险就向父母求助，这样的孩子怎么可能真正实现自立？父母又怎能放心？

## 正确引导孩子的冒险精神

对未知世界和未知领域的探索是孩子的天性。有不少孩子出于好奇，总喜欢将买回家的玩具拆开，然后又试图组装好。家里的录音机、收音机、电脑、音响和自行车等，父母稍不留意，就变成了零部件。对孩子的这些行为，父母究竟应该怎样看？怎么进行正确的引导？

首先，孩子的这种行为是一种积极的行为，是一种对未知领域和未知世界的探索。不懂不装懂，不懂就想方设法去弄懂，这是创造型人才不可或缺的品质。因此，当我们自己的孩子犯了这样的"错误"时，我们做父母的要一事一议，注意肯定其探索精神。

其次，注意引导孩子从弄清最基本的设计原理入手，为孩子答疑解惑。比如：收音机为什么会说话？为什么会唱歌？当然，这种答疑解惑绝对不可用单纯的无线电原理来讲，而应通过孩子所熟悉的事物，通过比喻等方式，以通俗易懂的语言告诉孩子这些原理。若父母懂得组装，则应指导孩子自己动手将拆开的东西重新组装好。当然，如果孩子有这方面的兴趣，父母可到二手市场买一些整件或零部件，并指导孩子进行组装。如此这般，既可以丰富孩子的想象力、创造力，又可以提高孩子的动手能力，让孩子从小就成为一名硬件工程师。再次，要从安全的角度和商品的使用价值方面给孩子讲清楚，这些商品都是有使用价值的，都是父母通过努力工作花钱买回来的，如果弄坏了，实在可惜。并给孩子建议，如果想拆开这些东西看一看，父母将为他提供帮助和支持。

当然，这种帮助和支持无非是两条：一条是父母懂得这些物品的组装，则可指导孩子动手；另一条是废物利用。需要特别强调的是父母切不可做这样的事：见到孩子损坏了家里的物品，就大动肝火，斥责并打骂孩子，甚至将孩子说成是"败家子"，以致将孩子的这种探索精神和创造精神扼杀在摇篮之中。

教孩子学会 屁股自己"擦"

● 培养孩子做事情的基本素质

# 纠正孩子做事拖沓的习惯

生活中，有很多孩子在平时做事时，普遍都有做事拖沓、爱磨蹭的毛病——从吃饭穿衣，到画画儿、做游戏，他的作业永远不能按时做完，常常忘掉该做的事情。如果父母不冲孩子大叫"现在，现在就做！"他是决不会准备好的。

如果是一个做什么事都拖沓、爱磨蹭的孩子，大家可以想象他能很好地自立，能很好地去自己处理好一些问题吗？答案当然是否定的！

对于做事拖沓、爱磨蹭的孩子，许多父母还可能会这样想："孩子为什么做每件事都磨蹭？是不是从我这里遗传了拖沓的基因？因为我做事就是那样的。"或者"我们家没一个人做事拖拖拉拉，是不是孩子脑子笨？"很多家长会把拖沓、爱磨蹭定性为孩子的个性特征，其实，拖沓、爱磨蹭只是孩子的一种习惯。家长应当知道这一点，同时，也应当让孩子知道：拖沓是可以改变的习惯。

生活中爱磨蹭的孩子很常见，但并不是孩子"脑袋笨"造成的。一般来说，造成孩子做事磨蹭的因素通常有两个：一是孩子"手笨"动作不熟练；二是孩子时间观念差，做事缺乏紧迫感，孩子的时间概念通常要到8岁以后才能逐渐稳定。

此外，孩子的磨蹭行为与家长的行为有关，有的家长喜欢边吃饭边看电视，有的家长会因懒惰做事拖拉，这些行为都会潜移默化地影响孩子，使孩子养成办事拖沓等不良习惯。

## 智慧父母教出会做事的孩子

怎样才能纠正孩子磨蹭的坏习惯呢？我们给家长的建议是：

# 3招 治孩子拖拉

如果孩子爱磨蹭是"手笨"造成的，父母就要想办法锻炼他的动手能力，帮助孩子提高动作的熟练和敏捷程度。父母可以与孩子玩一些小的竞技游戏，如比赛看谁穿衣服快，看谁洗澡快等。通过这些比赛，家长可以随时教给孩子穿衣、洗漱、收拾玩具等自我服务的技巧，教给孩子如何利用做事的先后顺序来提高效率、安排时间等。这些游戏玩多了，孩子可能觉得没趣，这时，可以给予适当的奖励来鼓励孩子继续做下去。

如果孩子爱磨蹭是由于时间观念差造成的，父母要有意识地培养孩子的时间观念。比如，在孩子开始做一件事之前给他规定时间。父母先估计出孩子尽最大能力能够完成此事的时间，并以此作为时间限制，然后根据孩子完成的情况，给予表扬、奖励。

开始设计时间时，家长要及时核对。孩子做事，家长为他计时，告诉并夸奖他今天比昨天又快了几分钟。这样，孩子会更有积极性。

让孩子按时做事。磨蹭这个习惯，不光存在于学习中，也反映在生活的各个方面，如穿衣、吃饭、玩耍等。所以要克服这个毛病，必须从不同角度入手，从孩子的实际出发，制定一些改正方案。做什么事情，需要多长时间，事先都做好假定，在假设的时间以内保质保量地完成。

教孩子学会 屁股自己"擦"

● 培养孩子做事情的基本素质

# 培养孩子的行动力

成功，始于心动，成于行动。每个人都具有最基本的两种能力：一是思维能力，二是行动能力。通常一个人没能达到自己的目标，往往并不是因为脑子没有想到那儿，而是因为缺乏行动的能力。拿破仑也说过：想得好是聪明，计划得好更聪明，做得好最聪明又最好。

这里我们来看一个再熟悉不过的故事：古代，蜀南住着两个和尚，一个富、一个穷。有一天，穷和尚对富和尚说："师兄啊！我想到南海去看看，听说那里有很多佛性高深的人。"

富和尚问穷和尚："你凭借什么去呀，你这么穷？有足够的盘缠吗？有马匹吗？"穷和尚笑了笑说："我其他什么都不要，只要一个水瓶、一个饭钵就足够了！"富和尚说："多年来我一直想租条船沿江而下，直到现在还没有实现呢，你还是放弃这个念头吧。"第二年，穷和尚从南海回来了，他把在南海的见闻告诉了富和尚，富和尚深感惭愧……

这就是"说一丈不如行一尺"的哲理故事，这则故事告诉我们一个道理——很多人的口头功夫了得，但真要干起实事来，却推三阻四，说一千道一万也不如做一件实事。

作为父母，一定要懂得培养孩子行动力的重要性！即使你的孩子再怎么聪明，如果没有行动力，什么事只是说说算了，不去付诸实施，结果终将是一事无成！

## 智慧父母教出会做事的孩子

## 培养孩子的行动力

父母要让孩子明白，失败者往往是语言的巨人、行动的矮子。他们虽然想法很多，但总是不见其行动，或者他们武断地认为某件事根本不可能有结果，或者说行动的时刻还没有来临。

一张不论多么精确的地图，也不可能带着人在地面上移动半步；任何成功秘诀也无法给人带来真正的成功或是财富。一个人只有行动起来，才能使梦想和目标具有现实意义。

正如著名作家克雷洛夫所说的："现实是此岸，理想是彼岸，中间有湍急的河水，行动则是架在河上的桥梁。"

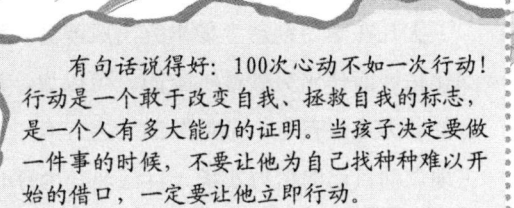

孩子的很多想法很简单也很天真，有些想法看起来甚至有些荒唐，但我们千万不要给他们的这些想法浇冷水。作为父母，要经常鼓励孩子去把自己的想法付诸行动。要让孩子知道，不管他有什么样的想法，都应该立刻行动起来。

有句话说得好：100次心动不如一次行动！行动是一个敢于改变自我、拯救自我的标志，是一个人有多大能力的证明。当孩子决定要做一件事的时候，不要让他为自己找种种难以开始的借口，一定要让他立即行动。

教孩子学会 屁股自己"擦"

● 培养孩子做事情的基本素质

# 培养孩子多方面的兴趣、爱好

爱好和兴趣是一个人做事的重要动力,为了提高孩子做事的积极性,培养孩子多方面的兴趣是非常重要的。

所谓"兴趣",指人们积极探究某种事物或进行某种活动的倾向。人,作为一个生物体,每时每刻都在探究着,活动着。但人的探究和活动的情形是很不相同的,有的人是主动的,有的人是被动的。有的人任何事都不想做,感到太累,这是一种被动的活动倾向;而有的人什么事都想做一做,把活动当成享受,这是一种主动的活动倾向。前者是无兴趣状态,而后者就是兴趣状态。

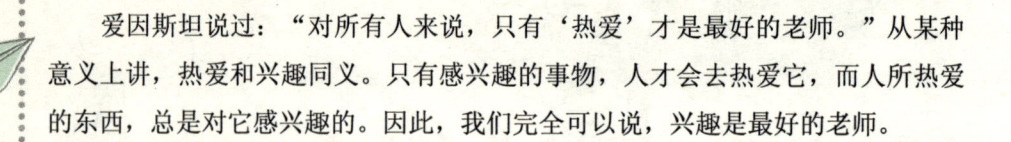

爱因斯坦说过:"对所有人来说,只有'热爱'才是最好的老师。"从某种意义上讲,热爱和兴趣同义。只有感兴趣的事物,人才会去热爱它,而人所热爱的东西,总是对它感兴趣的。因此,我们完全可以说,兴趣是最好的老师。

大凡在学习创造上做出突出成就者,都是本人先有明确的兴趣爱好,然后再深化拓展而作出突破性贡献的。可以说,这差不多是所有成功者的必经之路。兴趣的动力是最自觉,最持久的动力。有了浓烈的兴趣,不用任何人督促,也能自主地调动自己的精力才华,自觉地、全身心地投入创造。

兴趣,是开发能力的动力;爱好,是开发能力的导师。兴趣爱好能激发工作的快乐感,能给人带来无穷的力量。

## 智慧父母教出会做事的孩子

## 要不要刻意培养孩子的兴趣?

生于20世纪70年代末、80年代初的父母对于孩子的教导已经越来越多地趋向理性。他们开始更多地征求孩子的意见,可以如朋友般地和孩子交流沟通,培养孩子的独立意识和自主能力。对于孩子的未来,他们更希望孩子能够在一步步的成长过程中慢慢发现自身的优点和兴趣,进而通过主动的学习将其变为自己的特长,而不是单纯地被父母强加于身。

### 1. 培养孩子因势利导

事实上,每个家长的人生观、世界观、文化素养与所处的社会环境、生活经历千差万别。他们对培养孩子兴趣的想法,具有很强的主观性,往往会受社会潮流和自我经历的影响与制约。如果要培养的兴趣,正好与孩子原本的兴趣巧合,那就如鱼得水,被孩子所接受,并在二者的共同努力下,获得更佳效果。倘若培养的兴趣,与孩子原本的兴趣相悖,那就会南辕北辙,被孩子拒绝,并在二者的抗衡打拼中两败俱伤。

### 2. 培养孩子张弛有度

专家认为,逼迫和放任都不是好方法。在现代社会,从小培养孩子的兴趣特长是很多父母的选择,但是在培养孩子的过程中也出现了很多的问题,有的孩子因为家长的放任而变得任性妄为,有的孩子在家长的逼迫下,在心灵上埋下了抑郁的种子。事实上,"逼迫和放任都是不对的。"

### 3. 发现孩子的兴趣

首先要接受孩子,尊重孩子,观察孩子。在孩子兴趣的基础上,帮助孩子开阔视野,增加"游戏深度",便能对孩子的兴趣加以引导。让孩子尽可能地体验到成功的喜悦,是巩固兴趣的最好办法。其实,如果孩子能长时间全身心地投入某一件事情,正是其心智充分发展的契机。由此而形成的专注力,更是今后成功的重要基础。

教孩子学会 屁股自己"擦"

● 培养孩子做事情的基本素质

# 激发孩子做事的热情

一个人对某件事情充满热情，才有可能把事情做好。

已经75岁高龄的古希腊著名数学家阿基米德蹲在地上研究画在那儿的几何图形时，连罗马军队突然闯进他的房间都不知道。

直到罗马士兵的宝剑快要碰到他的鼻尖的时候，他才明白发生了什么事情。他居然毫无惧色地对罗马士兵说："等一下杀我的头，再给我一会儿工夫，让我把这条几何定理证完。我不能给后人留下一条没有证完的定理！"

德国数学家高斯在他夫人病重时还在不停地研究问题。仆人告诉他，夫人病得愈来愈重了，高斯听到了，可是他仍然继续工作。过了一会儿，仆人又跑过来告诉高斯夫人病得很严重，要求高斯马上去看她。高斯答道："我就来。"可是依旧坐在那里工作。仆人第三次来告诉高斯："夫人快要死了，如果你不马上过去，就不能再看到她的最后一面了。"高斯抬起头冷静地回答："叫她等一下，等我马上过去。"他竟然专注到没反应过来要死的人不能再等他了。

大凡在科学上有所建树的人，都是对事业充满激情，对工作和学习极端负责的。

因此，父母在日常生活当中，应该有目的地激发孩子对学习和生活的热情，让孩子积极地去参与做某些事情，进而锻炼孩子的做事能力，为孩子以后能真正实现自立打下良好的基础。

## 激发孩子做事的热情

有的父母常说，孩子做好事不积极、没热情。这种看法未必对，假如父母让孩子自己去玩，孩子还是非常开心和快乐的。因为按兴趣做事和快乐地做事，才会有热情。比尔·盖茨也有一句话："It's fun"，"fun"就是热情和兴趣；这的确是从比尔·盖茨个人所深信的。

比尔·盖茨个人的热情和兴趣可以从他这句名言中看出来："每天早晨醒来，一想到所从事的工作和所开发的技术将会给人类生活带来巨大影响和变化，我就会无比兴奋和激动。"

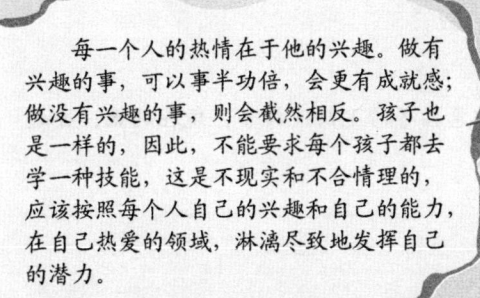

每一个人的热情在于他的兴趣。做有兴趣的事，可以事半功倍，会更有成就感；做没有兴趣的事，则会截然相反。孩子也是一样的，因此，不能要求每个孩子都去学一种技能，这是不现实和不合情理的，应该按照每个人自己的兴趣和自己的能力，在自己热爱的领域，淋漓尽致地发挥自己的潜力。

教孩子学会 屁股自己"擦"

● 培养孩子做事情的基本素质

# 教孩子学会冷静行事

欲速则不达,指的是说做事过于性急图快,反而适得其反,无法达到目的。因此,做事需要冷静,这样才能把事情处理得更好。对于父母来讲,教孩子学会冷静行事,是非常必要的。

明明是个急性子,做事情兴头来了马上动手,从没有计划,总想快刀斩乱麻。但一遇到困难就会盲目冲动,往往最终不能很好地完成工作,结果总会心生不快,总觉得自己怎么一件事都办不好。可是下次办事的时候,明明还是会这样"猴急",仍不会做好相应的准备。

这天,明明接到同学的电话,说是大家计划去医院看望生病住院的班主任老师。明明放下电话,就想立刻飞奔出门。妈妈看到孩子这般着急的模样,知道这又是他的急性子使然。妈妈叫住了明明,询问道:"你要去干嘛?这么着急?"明明迅速回答:"到医院看我们老师,妈,我马上就出门了。"妈妈问道:"你要去看望病人,可是你的准备工作做好了吗?你看看你连鞋子都没穿好呢,还有是不是要带点水果给老师呀,或是买束鲜花呢?"明明听罢,脸红地挠挠头。妈妈笑着说:"以后办事情的时候,不要过于性急,要多考虑一下是否做好准备了。否则欲速则不达,要学会冷静行事。记住了吗?"

此后,在妈妈的帮助下,明明渐渐把急性子的毛病改掉了,现在的她,办起事情来稳重多了。

200

## 培养做事稳重的"大将"

生活中，有的孩子办事的时候就像故事里面的明明一样"猴急"，他们从来不做准备，干任何事情都很急躁。那么父母应该怎样教育性急的孩子呢？

首先要让孩子学会冷静行事。父母应该教育孩子在行动之前，先强制自己提出几种处理办法，或自我提问，父母也可随时注意提醒孩子："这件事我有把握了吗？""准备工作做好了吗？"等等，多给孩子泼几瓢冷水，让他的头脑冷静下来。

其次父母要让孩子认识到急性子的危害。告诉孩子做任何事都要有一个过程，不能急于求成，"欲速则不达，要学会冷静行事"，并结合孩子以往因急躁而败事的例子，使孩子认识到急躁的危害性，在情绪没有稳定时不采取行动。

此外，父母还要教育孩子当意识到自己受急躁情绪影响时，心里反复默念："赶快冷静下来，着急会把事情弄糟的！"可与深呼吸一并进行。通过日常生活的一些学习，把孩子急性子"磨慢"。如指导孩子练习书法和画画、下棋、玩魔方等需要耐性的活动，培养他的耐心和韧劲。平时生活要劳逸结合，张弛有度，克服因紧张生活而导致的急躁。

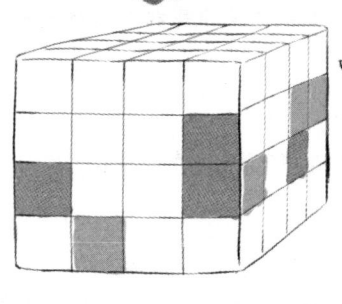

教孩子学会 屁股自己"擦"

● 培养孩子做事情的基本素质

# 培养孩子勤奋的品性

勤奋，是中华民族的传统美德！对于想成就大业的人来说，勤奋无疑是最好的途径。

王羲之是我国东晋时期著名的大书法家，官至右军将军，故后世称其为"王右军"。他出身于两晋的名门望族。王羲之12岁的时候父亲就传授笔法论给他，后来他又跟从当时著名的书法家卫夫人学习书法。以后他渡江北游名山，博采众长，观摩学习"兼撮众法，备成一家"，达到了"贵越群品，古今莫二"的高度。

王羲之是中国历史上著名的书法家，被尊称为"书圣"。但他少年时并不是一个才智出众的孩子，还稍微显得有些木讷。他从7岁跟着老师学习书法起，便坚持勤学苦练。他每天笔耕不辍，即使休息的时候，也在揣摩字体的结构、间架和气势，经常手随心想，有时还在衣襟上描画。王羲之经常在家中的水池边练习写字，这样可以直接从池里取水研墨、洗笔和刷砚，长期下来竟然使一池清水变黑。至今在王羲之的故宅仍有"墨池"遗迹，而"临池"也成为习字的一个代称。最终，王羲之集众家所长，改变了晋代以前平板匀整的篆、隶书法，创造了飘逸潇洒的行书、骨力刚健的楷书、神采飞扬的草书这三种具有个人风格的字体，也可以说是勤奋造就了一代书圣。

王羲之的故事再次为我们证明了勤奋对于成功的重要性。作为家长，一定不要忽视了对于孩子勤奋品性的培养。

## 智慧父母教出会做事的孩子

## 培养孩子**勤奋**的**习惯**

**建议一：严格要求孩子。**

侯宝林对孩子的要求十分严格，在两个儿子的专业上更是严格。他常说："相声是一门综合的艺术，不是消遣解闷耍贫嘴，没有丰富的生活经历和多种知识，是干不好这一行的。"因此，尽管两个儿子很小就表现出在相声表演上的才能，但侯宝林却极力反对两儿子荒废学业去学相声。

**建议二：对孩子循循善诱。**

孩子的意志和毅力总是不如成人，为了让孩子养成勤奋的习惯，父母不妨采用循循善诱的办法，有步骤地引导孩子去学习。循循善诱要注意几个问题：一是注意培养孩子在学习方面的基本功，比如一定的知识面；二是要注意适时教育，引导孩子勤奋学习，要抓住孩子有学习欲望的时候；三是要注意适量，孩子毕竟是孩子，不要以成人的标准去要求孩子，不能越过孩子所能承受的范围；四是父母态度要平和，引导孩子勤奋，学习应该怀有一种平常心，不要急于求成，否则效果会适得其反。

**建议三：对孩子的要求要根据孩子的表现而提升。**

孩子总是比较容易满足于当前的成绩，在取得成绩后容易不思进取。这时候，父母应该及时根据孩子的表现而提出高一点的要求，让孩子永远有前进的方向和目标。

**建议四：通过劳动促使孩子勤奋。**

勤奋不仅表现在学习上，更表现在工作和劳动上。当孩子走上社会后，他的勤奋就直接表现在工作中。因此，父母要有从小就通过劳动来培养孩子勤奋工作的好习惯。

**建议五：用立志激励孩子勤奋。**

俗话说："有志者事竟成。"如果孩子树立了远大的志向，他就能够用这个志向去激励自己勤奋，从而实现自己的志向。

在现实生活中，每一个父母要及时发现孩子的志向，帮助孩子明确自己的志向，并向着志向而不断努力。

教孩子学会 屁股自己"擦"

● 培养孩子做事情的基本素质

# 培养孩子的进取心

有一句话说得非常经典:"不想当元帅的士兵不是好士兵。"这句话的意思就是说做什么事一定要向上看,要努力做到最好,勇争一流。

被人们尊称为"铁娘子"的玛格丽特·撒切尔夫人就是一位永争一流的典范人物。

撒切尔出生在英格兰格兰瑟姆镇一个经营杂货的小商人家庭。

在很小的时候,撒切尔就表现出了异于常人的能力,这与她严格的家庭教育是分不开的,就像她自己说的,她的家庭是"讲求实际,严肃认真"的。她的父亲经常教育她:"无论做什么事情,都不能落在别人的后面。即使坐公共汽车,你也要永远坐在最前排。"以此来培养她争强好胜的性格。

父亲的要求虽然有些苛刻,但正是因为这样,才培养了撒切尔积极向上、力争一流的决心和信心。撒切尔时时牢记父亲的教导,无论在以后的学习、生活还是工作中,总有一种勇往直前的勇气和必胜的信心,事事都要求自己做到最好。玛格丽特在很多方面都是出类拔萃的,她在音乐、演讲、体育以及其他方面也都一直力争最好。她的校长曾这样评价她:"她无疑是我们学校建校以来最优秀的学生,她总是雄心勃勃,每件事情都做得很出色。"

撒切尔的故事无疑是振奋人心的!因此,家长一定要从小培养孩子力争一流的进取心,努力把事情做到最好!

## 培养孩子的进取心

现在的孩子，在家中一切均被安排得妥妥贴贴，根本用不着自己去努力，去进取。久而久之，很容易使一些孩子缺乏进取心。其实，家长也不可忽视培养孩子的进取心理，可以从以下几方面着手。

首先，肯定孩子的才能，如孩子确认要干某件事时，做家长的应给予支持肯定，相信孩子的才能，并鼓励说："你行，你真行。"这样，孩子会倍受鼓舞，努力进取的决心可想而知了。

其次，当孩子有些失败时，尽量不要训斥孩子，而是耐心细致地给孩子找原因，分析情况，确定改进方法。试想，如果孩子稍有不顺，父母就谴责，这样的孩子日后又怎能有进取心呢？

第三，对于一些特别胆小怕事的孩子，家长应多加鼓励，少批评但不等于不批评，让他们通过努力去做一些力所能及的事，使孩子逐步形成"我能，我行"的自信心理，培养孩子的进取心思、培养孩子的成功意识。

孩子年纪小，易被一些大人看来似乎很小的事而激励。殊不知，小小的事情却包含孩子成功的喜悦。作为家长，应学会分享孩子们成功的喜悦。孩子有了成绩和进步，家长都应适当夸奖鼓励。这样，他们的自信心足了，心情更好了，也会向着更高的目标去奋进。相反，如果家长无端训斥，就会大大挫伤孩子的积极性，让孩子变得畏缩软弱，失去信心，影响今后发展。作为家长，都应看到自己孩子独特的优势，发挥其特长，努力培养孩子的成功意识。总之，人的心理素质，会对人的一生起重大作用，家长在教育子女时，切莫轻视了良好的心理素质的培养。

教孩子学会 屁股自己"擦"

● 培养孩子做事情的基本素质

# 打破常规见创新

我们生活的世界充满着规则，有些规则是合理的、也是必须遵守的；有些规矩则是陈旧的、可以创新的。假如人们因循守旧而不勇于创新，就只能囿于自己的狭小范围，这样的人很难有大的作为。因此，寻求突破和创新是人们前进的强力引擎！对于孩子来说，勇于突破和创新，则是实现自立自强的有力保障！

自从"乌鸦喝水"的故事传开以后，人们都知道乌鸦一种聪明的动物，而老乌鸦也以把石头叼进瓶里喝水引以为荣，于是就把这种办法传授给小乌鸦，就这样沿袭传承了很多代。

这年，事情却发生了变化，老乌鸦像往常一样，给小乌鸦示范把石子一粒一粒地投进深瓶里面，以便于喝水。小乌鸦却无心学习，觉得这样的办法真是太慢了，难道就没有更好的办法吗？边想边转身离开，连老乌鸦在后面的训话都没有听到，老乌鸦扯着脖子喊："不要偷懒了，老祖宗的办法就是最好的！"

没过多久，小乌鸦衔来了一根管子放入瓶中，很快就喝上了水。看到这里，老乌鸦也不得不承认——用这个方法喝水更快！

看完乌鸦喝水的故事，我们不难体会到创新所具有的强大生命力，这是一种进步的力量！对于孩子而言，勇于创新、善于创新，才能更好地实现自立。对于家长来说，从小就培养孩子创新的能力，才能让孩子有一个更好的发展空间！

智慧父母教出会做事的孩子

# 培养富有创造力的孩子

孩子富有创造力的特征：

1. 常常专心致志地倾听别人的讲话；
2. 说话或作文时常常使用类比和推断；
3. 能较好地掌握阅读、书写和描绘事物的技能；
4. 喜欢对权威性的观点提出疑问；
5. 爱寻根问底，弄清事物的来龙去脉；
6. 爱好细致地观看东西；
7. 非常希望把自己发现的东西告诉别人；
8. 即使在干扰严重的嘈杂环境中，仍醉心于自己所作的事，而且不太注意时间；
9. 常常能从乍看起来互不相干的事物中找出相互间的联系；
10. 即使走在街上或回到家里，仍然反复思索课堂上所学的东西；
11. 有较强的好奇心；
12. 常常自觉或不自觉地运用实验手段进行研究；
13. 喜欢对事情的结果进行预测，并努力证明自己预测的准确性；
14. 很少有心不在焉的时候；
15. 常常将已知的事物和学到的理论重新进行概括和总结；
16. 喜欢自己决定学习或研究的课题；
17. 喜欢寻找所有的可能性，常常提出："还有别的办法吗？"